SUBJEKTILE

Herausgegeben von
Marcus Coelen und Felix Ensslin

Marcus Coelen (Hg.)

Die andere Urszene

*Maurice Blanchot, Marcus Coelen, Philippe Lacoue-Labarthe,
Serge Leclaire, Michel Turnheim, Donald Winnicott*

diaphanes

1. Auflage
ISBN 978-3-03734-035-6

© diaphanes, Zürich-Berlin 2008
www.diaphanes.net
Alle Rechte vorbehalten

Satz und Layout: 2edit, Zürich
Druck: Pustet, Regensburg

Inhalt

Marcus Coelen
Vorbemerkungen　　　　　　　　　　　　　　　　　　　7

Maurice Blanchot
Eine Urszene　　　　　　　　　　　　　　　　　　　　11

Philippe Lacoue-Labarthe
Zerregung　　　　　　　　　　　　　　　　　　　　　13

Maurice Blanchot
[… absolute Leere des Himmels …]　　　　　　　　19
Eine Urszene [Zu Narziss]　　　　　　　　　　　　　23
Ein Kind wird getötet (Fragmentar)　　　　　　　　　33
[(Eine Urszene?)]　　　　　　　　　　　　　　　　　43

Donald Winnicott
Die Angst vor dem Zusammenbruch　　　　　　　　47

Serge Leclaire
Pierre-Marie oder Vom Kinde　　　　　　　　　　　59

Philippe Lacoue-Labarthe
Die endliche und die unendliche Agonie　　　　　　75

Michael Turnheim
Kommen und Gehen des Todes　　　　　　　　　　93

Marcus Coelen
Zerfahren　　　　　　　　　　　　　　　　　　　　113

Philippe Lacoue-Labarthe
Nachwort　　　　　　　　　　　　　　　　　　　　149

Marcus Coelen

Vorbemerkungen

Die Seele des Freudschen Wolfsmanns zersprang in tausend Stücke, als ein Traum ihm den einst erblickten Akt der Eltern wiederholte. – Ein Kind wird angesichts des bloßen Himmels der Abwesenheit Gottes, des nackten »es gibt« und »nichts weiter« gewahr. – Jemand ohne Alter erfährt, gedächtnislos, ohne diese Erfahrung zu machen, die Verheerung des Außen. – Ein anderer erwartet angstvoll den Zusammenbruch, da ihm Angst der einzige Modus ist, den Tod, der ihm widerfuhr, ohne dass er ihn erlebte, in Erinnerung zu rufen. – Viele arbeiten, indem sie das tyrannische Wesen, das sie als Kind einst waren und dessen Souveränität ihr Leben bedroht, versuchen abzutöten. – Einer notiert seinen zweimaligen Tod und die Erkenntnis der Bedingung der poetischen Existenz.

* * *

Die folgenden Texte bilden eine Konstellation, deren Zentrum ein kurzes »Prosagedicht« von Maurice Blanchot bildet. Mit dem Begriff der *Urszene (scène primitive)* im Titel gibt dieser Text den Hinweis auf eine komplexe und subtile Auseinandersetzung, die das Denken und Schreiben Blanchots einerseits mit sich selbst und seinen »Anfängen« führt, sowie andererseits mit der Psychoanalyse, jeder Philosophie des Ursprungs und den Weisen seiner Darstellung. Die Sammlung nimmt diese beiden Stränge der Auseinandersetzung auf – derjenigen Auseinandersetzung, die dem »Ersten«, dem »Uranfänglichen«, dem »ursprünglich Bestimmenden« gilt, sowie seinem Zuviel und Zuwenig an Anwesenheit, dem Andrängen seines Entzugs, der Notwendigkeit und Möglichkeit von deren Darstellung, ja überhaupt der Möglichkeit ihrer Erfahrung: bis hin zur Erfahrung des Zweifels, ob hier in der Modalität der Möglichkeit oder sonst einem bestimmten Modus noch zu sprechen ist.

Der Band präsentiert deshalb zunächst, neben der »Urszene« Maurice Blanchots selbst und einer frühen brieflichen Variante, diejenigen Fragmente, in denen Blanchot auf seinen Text, seinen Titel, auf die Elemente, die ihn ausmachen, zurückkommt, sie verschiebt, verwirft oder umschreibt. Sodann sind die beiden psychoanalytischen Abhandlungen (von Donald Winnicott und Serge Leclaire) abgedruckt, auf die Blanchot in dieser Wiederaufnahme der »Urszene« Bezug nimmt. Schließlich finden sich drei Texte vorgestellt (von Philippe Lacoue-Labarthe, Michael Turnheim und Marcus Coelen), die auf unterschiedliche Weise diese doppelte Auseinandersetzung kommentieren, in sie eintreten.

Doch die Konstellation der Texte hat ein zweites, ebenfalls sich selbst fliehendes Zentrum, und seine Anwesenheit allein kann den Anspruch auf Zentralität, auf Einheit und Einsamkeit der Urszene Lügen strafen. Mit Philippe Lacoue-Labarthes »Zerregung« öffnet ein weiteres Prosagedicht die Sammlung, ein Text, in dem die Lektüre der Blanchotschen »Urszene« zugleich unverkennbar ist und im schon nur Erkenntlichen zerstiebt. Diese Bewegung, die eine des Schreibens vom Tode ist, setzt sich fort bis an einen anderen »Ursprungsort« und darüber hinaus: ins »ursprünglich Posthume« eines Subjektes.

Die Psychoanalyse hat Teil an den Kräften, die eine solche »*entleerte* metaphysische Erfahrung« (Lacoue-Labarthe), wie man sie in der Blanchotschen »Urszene« und den sie durchziehenden Schriftzügen erkennen kann, nicht nur möglich, sondern wahrscheinlich unentrinnbar und zur Signatur einer Epoche – derjenigen, die mit uns vielleicht endet – gemacht haben. Der Psychoanalyse bleibt möglicherweise als Aufgabe, vom Schreiben her ihr Denken auf die »besonderen Bedingungen« – welche Bedingungen der Möglichkeit, der Unmöglichkeit und der Modalitätslosigkeit sind – für die »synthetisch[e] Funktion«, nicht nur »des Ichs«,[1] sondern von Erfahrung überhaupt, zu wenden – und somit auf die Entleerung der Metaphysik ihres eigenen Unternehmens.[2]

* * *

Ich danke Susanne Leeb, ihren Gedanken und ihren Worten, die den Band in seiner Entstehung begleitet haben; Britta Guenther, Franziska Schottmann und Anna-Lisa Dieter für wertvolle Lektüren; Jonathan Degenève für großzügige Hinweise zum Motiv der *scène primitive* in den Schriften von Maurice Blanchot; Pascal Possoz für seine Einsichten in das Verhältnis von Blanchot, Medizin und der Psychoanalyse; Peter Wegner und Ruth Jaschke für ihre Winnicott-Übersetzung;

dem Verlag Turia & Kant für die Erlaubnis des Wiederabdrucks eines Auszugs aus Serge Leclaires *Ein Kind wird getötet* – sowie Sabine Schulz und Michael Heitz für ihre verlegerische Großzügigkeit.

Eine besondere Danksagung geht an Claire Nancy für die Erlaubnis, »Nachwort«, ein posthumes Fragment Philippe Lacoue-Labarthes, in die Sammlung des Bandes aufzunehmen. Ein ebenfalls besonderer Dank gilt Jacqueline Laporte dafür, bisher unveröffentlichte Auszüge eines Briefes von Maurice Blanchot an Roger Laporte auf großzügige Weise zur Verfügung zu stellen, sowie dafür, ihr Einverständnis zum Abdruck der Übersetzung zu geben.

Das Wissen um die Existenz dieses Briefes verdanke ich einem Hinweis von Philippe Lacoue-Labarthe. Seiner Erinnerung sei dieses Buch gewidmet.

—

1 Vgl. Sigmund Freud, »Die Ichspaltung im Abwehrvorgang« (1938), in: *Gesammelte Werke*, Bd. 17, S. 59–62.

2 Editorische Anmerkung: Sämtliche mit [eckigen Klammern] versehene Fußnoten sowie andere mit diesem Zeichen versehene Zusätze in allen folgenden Texten stammen von mir. Fußnoten ohne eckige Klammern oder Ergänzungen in (runden Klammern) stammen von den Autoren.

Maurice Blanchot

Eine Urszene

Sie,[1] die Sie später leben, einem Herzen, das nicht mehr schlägt, nahe, setzen Sie, setzen Sie diesen Fall: Das Kind – von sieben, vielleicht acht Jahren? – aufrecht stehend, den Vorhang beiseite schiebend und den Blick durch die Scheibe gerichtet. Was es sieht, den Garten, die winterlichen Bäume, die Mauer eines Hauses;[2] während es den Raum seiner Spiele sieht, sicher in der Art eines Kindes, überdrüssig, richtet es langsam den Blick nach oben in Richtung des Himmels, welcher gewöhnlich ist, Wolken, graues Licht, ein trüber Tag ohne Ferne.[3] Was daraufhin sich ereignet: Der Himmel, dieser *selbe* Himmel, plötzlich offen, auf absolute Weise schwarz und auf absolute Weise leer, offenbart eine solche Abwesenheit (wie durch eine gesprungene Scheibe), dass alles seit jeher und für immer sich darin verlierend zugrunde gegangen ist, bis hin zu dem Punkt, wo das schwindelerregende Wissen bejaht und verjagt wird, dass nichts da ist, das, was es gibt, und vor allem nichts jenseits dessen. Das Unerwartete dieser Urszene[4] (ihr nicht zu beendender Zug) ist das Glücksgefühl, das sogleich das Kind überschwemmt, die verheerende Freude, die es nur durch Tränen bezeugen kann, durch den Fluss ohne Ende der Tränen. Man glaubt an den Kummer eines Kindes, man versucht, es zu trösten. Es sagt nichts. Fortan wird es im Geheimnis leben. Es wird nicht mehr weinen.

—

[Maurice Blanchot, »*Une scène primitive*«, in: *Première Livraison*, Nr. 4 (Februar/März, 1976), herausgeben von Mathieu Bénézet und Philippe Lacoue-Labarthe, S. 1; in leicht veränderter Form als Fragment eingefügt in *L'écriture du désastre* (Paris 1980, S. 117). Eine Übersetzung von Gerhard Poppenberg und Hinrich Weidemann findet sich in *Die Schrift des Desasters* (München 2005, S. 92); der Text wird hier in einer davon abweichenden Neuübersetzung und in der Komposition der Erstveröffentlichung wiedergegeben. Zu den Unterschieden zwischen den beiden Versionen von 1976 *(Première Livraison)* und 1980 *(L'écriture du désastre)* vgl. die folgenden Angaben und insbesondere den Artikel von Philippe Lacoue-Labarthe, »Die endliche und die unendliche Agonie«, *infra*.]

1 [In der Version des Textes, welche sich in *L'écriture du désastre* findet, ist der »Titel« nicht nur eingeklammert und mit einem Fragezeichen versehen, sondern dem Text, nach einer Raute, die in Blanchots Fragmentaren vielfach verwendet wird, auch direkt vorangesetzt. Dort liest es sich also: »♦ (Eine Urszene?) *Sie, die Sie* […]«.]

2 [Hier steht in *L'écriture du désastre* ein Doppelpunkt anstelle des Strichpunktes.]

3 [Am Ende dieses Satzes ist in *L'écriture du désastre* ein Umbruch eingefügt.]

4 [»[…] dieser Szene […]« in *L'écriture du désastre*. Es ist klar, dass vieles in der Deutung des »Verhältnisses« zwischen Blanchot und der Psychoanalyse vom Verständnis der Änderung von der »scène primitive« zur schlichten »scène« abhängt.]

Philippe Lacoue-Labarthe

Zerregung

für Maurice Blanchot
*In der lydischen Tonart

– *Und das war keine Szene?*
– Nein. Zumindest glaube ich es nicht. Nicht wirklich. Aber ich kann auch nicht leugnen, dass es – und das ist ohne Zweifel – außer meiner Macht steht, das zu erklären. Was ich äußerstenfalls sagen könnte (ich denke an das, was die Frage voraussetzt): Zuviel, viel zuviel hat es erzwungen. Oder, aber das läuft sicher nicht auf dasselbe hinaus: Der Anfall von Schwäche war zu schwerwiegend, das ist klar, ich hatte nicht mehr genügend Kraft. Jedoch wäre auch das, wenngleich richtig, noch ungenügend, und es wäre besser, wenn ich darauf beharrte zu schweigen, worin ich bislang für mich eingewilligt hatte. Ohne Bedauern (es ist nicht so wichtig und ich bin, auch aus anderen Gründen, überhaupt nichts schuldig). Auch ohne Verrat: So etwas erzählt man ganz einfach nicht.

....

– Nein, es wäre eher das, was mich ganz zu Anfang hat sagen lassen: Es gibt kein Geheimnis, aber es bleibt etwas, was man nicht eingestehen kann. Gleichermaßen, ich bin da sehr bestimmt, ist das keine Angelegenheit des Gedächtnisses: Ich habe nichts vergessen. Auf jeden Fall ging der Schwächeanfall allem voraus.

(...)

– Ja, wenn du willst: es lässt sich nicht erzählen, nicht eingestehen, nicht vergessen. Aber ich füge hinzu: Das Schlimmste war die winzige Beschädigung, die alles, das Ganze betraf. Der Verfall, ja, das Schwinden.

....

– (...) Ich gebe andererseits zu, dass dies nichts mehr mit mir zu tun hatte. Es stimmt, dass ich sprach. (Während dieser ganzen Nacht habe ich nicht aufgehört zu sprechen und auch, ich denke, das ist damit verbunden, zu frieren und zu zittern; und all das stellt sich auf vorhersehbare, erwartbare, wenn nicht sogar provozierte Weise ein. Aber es ist auch ganz klar, dass ich überhaupt nichts sagen wollte; dass ich mich an niemanden richtete; dass ich nicht den geringsten Ton verlauten ließ. Ich sprach ohne zu sprechen. Oder vielmehr, ich hörte zu. Ich wäre versucht zu sagen: Ich hörte mir zu, wenn diese nicht zum Schweigen zu bringende Rede (und ich hatte im Übrigen kein Mittel, sie zu unterbrechen, was sogar, und ich glaube zu erraten warum, das deutlichste Anzeichen für meine Unfähigkeit oder für meinen Mangel an Energie war), eben nicht unhörbar – »stimmlos« – gewesen wäre und wenn ich mich damals von dem verworrenen und beunruhigenden Eindruck hätte frei machen können, wenn ich mich heute von diesem Eindruck frei machen könnte, dass im Grunde, in mir, nicht ganz und gar ich der Sprecher dieser Rede war. Es war jedoch, wie ich sofort hinzusetzen muss, trotzdem kein »anderer«.

(...)

– Es hätte unter diesen Umständen nicht viel gefehlt, und es wäre ohne jede Realität geblieben. (Wenn ich genau darüber nachdenke, erscheint mir der Eindruck unverständlich.) Aber dieses da, dieses Reden *(wie du siehst, halte ich daran fest)*, konnte gut und gern schweigend, *aus weiter Ferne, an der Grenze zu nirgendwo und aus einem unbestimmten Woanders – in mir außer mir – erklingen, doch nahm es dadurch nicht weniger, in dem, was mir nicht mehr genau wie* mein *Kopf oder* meine *Kehle gehört, wenn ich überhaupt jemals das Gefühl einer solchen Zugehörigkeit hatte, genau den Weg nahm, den ich bereitwillig, was immer das wert ist, als den Übergang, zwischen Genick und Kehlkopf, vom Denken zur Äußerung identifizieren würde: als den ungreifbaren und höchstwahrscheinlich nicht existierenden Moment, der Zeit entzogen, wo, im Rachen, das Denken somit (welches andere Wort sollte man verwenden?) eine Art nicht ertastbare Konsistenz erlangt – ich würde annähernd sagen: Atem holt –, um sich mit der Ausatmung zu vermischen, in der es sich nicht verliert, sondern sich verändert und, sich verändernd, artikuliert oder moduliert in einem unbestimmten Gesang, atonal, zumindest nicht*

melodisch, »arm« (wenn nicht vollkommen nichtig), aber mehr oder weniger durch den Rhythmus des Atems skandiert. Oder durch etwas noch Primitiveres, ein Pochen, ich weiß nicht recht.

....

– Und doch waren es Sätze, zusammenhängende Aussagen, allerdings sehr allgemeiner Art, eher abstrakt und rätselhaft für mich: nicht dunkel, wirklich nicht, aber ohne strenge Verbindung untereinander, trotz der Schwindel verursachenden Häufung logischer Verstrebungen oder der etwas eitlen Steifheit in den grammatischen Gerüsten. Sagen wir: aufgespreizt. Reine Syntax, reine Parataxe.[1] Wie die Bruchstücke einer zur Gänze entfalteten Rede, die aber zum Großteil verschwiegen gehalten wird.

(...)

– Antworten vielleicht, das vielleicht wirklich, Ansätze zu Antworten. Jedoch, wenngleich ich wiederholte Male den Eindruck hatte, einem Verhör unterzogen zu sein, oder zumindest mich zu rechtfertigen hatte, waren die Fragen fast niemals ausformuliert. Jedenfalls fehlte, das weiß ich wohl, die grundlegende Frage, um die herum sich das Ganze normalerweise hätte anordnen müssen. Es ist also selbstverständlich, dass es sich nicht um einen Dialog handelte, oder zumindest, wenn es denn unbedingt einer sein soll, um einen entstellten, zerrütteten, wenn auch die übrig gebliebenen Trümmer vollständig waren, ohne Gesprächspartner oder Personen. Auf keinen Fall aber »Ich« und, außer mir, noch einmal »Ich«.
Du auch nicht, wie immer überraschend das sein mag.
Der Beweis dafür ist, dass es sich keinesfalls um den ersten Zwischenfall, um die Episode handelte, die irgendwie der Auslöser dieser Sache gewesen wäre. Nach aller Vernunft – man kann nicht sagen (es sei denn, man versteht diesen Begriff gegensinnig), dass dies einen »dramatischen« Charakter gehabt hätte. Kein Schmerz ist dramatisch. Im Gegenteil, in meiner Erinnerung, in der Erinnerung, die mir davon geblieben ist, entfaltete sich das, diese dumpfe (»verstummte«) singende Beschwörung, von der ich nicht wusste, wer mit ihr wen beweinte, ohne Abschluss; ergoss sich in Böen, in den langsamen und langen Böen eines Regens, verweht durch einen gewaltigen, schweres

Laub bewegenden Wind, den ich in dieser Nacht ohne Unterlass hörte. Ein Geräusch, ein dumpfes Lärmen: die Verheerung, das Wüten des Außen.

....

– Nein, das ist kein Bild. In keiner Weise: Der Niedergang (das Ergießen) hat kein Bildnis.

Aus diesem Grund erschien, als der Morgen kam, alles im schwachen, in Wirklichkeit weißen Licht der Dämmerung, wie gewaschen vom Regen, der nicht gefallen war und nichts getränkt hatte. Es hatte kein Unwetter gegeben.

(Heute könnte ich es, das weißt du, alles ganz anders sagen. In meinem tödlichen mythischen Stil. Der König Marke,[2] Golaud,[3] deren Schmerz so sehr sticht, dass er gesungen wird. Deklamiert. Ich kenne diesen Gesang auswendig, trage ihn in meinem Herzen; wiederholen könnte ich diese Deklamierung. Aber der Schmerz, der mehr verwundet als das Herz, untersagt.

....

– Nachdem ich den Kies, der an das Haus grenzt, überquert hatte (dasselbe Geräusch eines Sturms, der sich nicht ereignet hat), bin ich ganz hinten in den Garten gegangen und stehen geblieben in der Nähe des Aschen- und Erdhaufens, den du kennst, vielleicht, um über die Einfriedung hinaus die undeutlichen Hügel, die Ebene zu betrachten. Es war noch nicht Winter, aber es war kalt, sehr kalt. (Es war das erste Mal, dass ich mich während dieser Jahreszeit in diesem Land aufhielt, das nicht mehr das meinige ist als irgendein anderes und das ich, trotz allem, schlecht kenne.) Die Tiere hatten sich noch nicht gerührt. Ganz offensichtlich war nichts passiert, aber ich wusste, dass mir das schon einmal widerfahren war: Ich wusste es, ich kannte es nicht: Ich erkannte diese absolute Neuigkeit wieder, diese Müdigkeit.

Nein, entsetzt war ich nicht, aber von grenzenloser Gleichgültigkeit: Ich könnte, hätte sterben können.

(Sommer 1976 – Sommer 1981)

[»*Phrase V (L'émoi)*«, in: Philippe Lacoue-Labarthe, Phrase, Paris 2000, S. 43–48.]

1 [Zur langjährigen Beschäftigung Philippe Lacoue-Labarthes mit dem parataktischen »Stil« Hölderlins sowie Adornos Interpretation von diesem vgl. u.a. seine Übersetzung der hölderlinschen Sophokles-Übertragung und der »Anmerkungen zur Antigonä« in: *L'antigone de Sophocle* (Paris 1978), die den Aufsatz »La césure du spéculatif« (auch in: *L'imitation des modernes. Typographies 2*, Paris 1986, S. 39–70 / *Die Nachahmung der Modernen*, übers. von Thomas Schestag, Basel 2003, S. 41–78) enthält, sowie zur Parataxe: Friedrich Hölderlin / Theodor W. Adorno, *Hymnes, Elegies et autres poèmes*, suivi de *Parataxe*, übers. von Armèle Gerne u. Sybille Muller, Einleitung, Anmerkungen, Chronologie und Bibliographie von Philippe Lacoue-Labarthe, Paris 1983; vgl. auch *Metaphrasis. Das Theater Hölderlins*, übers. von Bernhard Nessler, Berlin 2001.]

2 [Vgl. Richard Wagner, *Tristan und Isolde. Textbuch mit Varianten der Partitur*, hrsg. von Egon Voss, Stuttgart 2003, 2. Aufzug, vv. 1473–1487 und 1494–1598 sowie vor allem die finale Sterbeszene mit der Klage um Tristan, Kurwenal und Isolde: 3. Aufzug, vv. 2272f., 2276–2286 und 2304–2318.]

3 [Vgl. Maurice Maeterlinck, *Pelléas et Mélisande. Drame lyrique en 5 actes et 12 tableaux*, musique de Claude Debussy, partition d'Orchestre, Paris 1993, 5. Aufzug, S. 365–409.]

Maurice Blanchot

[... absolute Leere des Himmels ...]
(Aus einem Brief an Roger Laporte)*

Lieber Roger,

Ich möchte Ihnen gerne sofort antworten, ohne langes Nachdenken, da es mir anders vielleicht nicht möglich sein wird.
[...]
Schreiben, selbst aufhören zu schreiben, das ist: sich in einer radikalen Abtrennung – und gleichsam für immer abgewendet, nur gewendet auf diese Abwendung – von jeder Bejahung Gottes halten, ob diese Bejahung nun von einer Befragung verschleiert, von der Negation verdeckt oder selbst bis ins Unendliche ausgelöscht ist.[1]
[...]
Ich glaube, dass es, vielleicht um den Preis einer nur schwer zu beherrschenden Verunordnung, nötig ist, das Andere zu denken, im Verhältnis zum Anderen zu sprechen, ohne Verweis auf das Selbe, ohne Verweis auf das Eine.

Ihnen, Ihnen beiden, die Sie mir soviel anvertraut haben, kann ich Folgendes erzählen. Es ist nichts mehr als eine Anekdote, ein kleiner Teil meiner Dunkelheit, über die ich dennoch niemals gesprochen habe, nur ausnahmsweise einmal, zu Georges Bataille. Ich war ein Kind, sieben oder acht Jahre alt, ich befand mich in einem freistehenden Haus, in der Nähe des geschlossenen Fensters, ich blickte nach draußen – und auf einmal, nichts könnte plötzlicher sein, war es, als ob der Himmel sich öffnete, sich dem Unendlichen unendlich öffnen würde, um mich durch diesen überwältigenden Moment der Öffnung einzuladen, das Unendliche, aber das unendlich leere Unendliche anzuerkennen. Das Ergebnis war befremdlich. Die plötzliche und absolute Leere des Himmels, nicht sichtbar, nicht dunkel – Leere von Gott: das war explizit, und es überstieg darin den bloßen Verweis aufs Göttliche bei weitem –, überraschte das Kind mit einem solchen Entzücken, und einer solchen <u>Freude</u>, dass es für einen Moment mit Tränen erfüllt war, und – ich füge um die Wahrheit besorgt hinzu – ich glaube, es waren seine letzten Tränen.

Natürlich beweist eine solche Bewegung nichts, legt nichts bloß: Das wäre der Gipfel der Verdrehung; aber zumindest hat diese Freude von einer außergewöhnlichen Reinheit, deren Erinnerung im Zentrum jeden Vergessens ist, mir gleichsam eine Ebene »meiner selbst« enthüllt, und es war mir infolgedessen gegeben, über diesen Anspruch zu reflektieren, mit dem Versuch, ihm zu antworten.
[...]
Und schließlich Danke einmal mehr für Ihr Vertrauen, Ihnen beiden für Ihre Freundschaft. Wir waren Zeitgenossen. Diese Möglichkeit, die rein zufällig ist, erscheint mir »wahrer«, entscheidender als jede Möglichkeit des Bezugs auf einen gegenwärtigen Gott.

M.

—

[Auszug aus einem unveröffentlichten Brief; Privatbesitz; mit besonderer Genehmigung von Jacqueline Laporte; datiert auf den 24. September 1966, wäre er mit diesem Datum zwei Tage nach Blanchots 59. Geburtstag verfasst worden.]

1 [Nach Jacqueline Laporte reagierte der Brief Blanchots auf die Zusendung des Buches *Une voix de fin silence [Eine Stimme feinen Schweigens]*, das im selben Jahr (Paris, Gallimard) erschienen war. Dieser Text beginnt wie folgt: »Ich hatte unmittelbar Bewusstsein davon, dass ich über keinerlei Sprache verfügte, um von dem, was mir widerfahren war und in mir sofort den Wunsch nach einem zukünftigen Werk auslöste, zu sprechen, denn als so Spezifisches war es derart verschieden von dem, was man im alltäglichen Leben erlebt, dass, selbst wenn ich als Maler oder Musiker eine Sprache hätte erfinden können, ich unfähig war, es zu benennen.« (S. 11) Von diesem »Ereignis« erfährt man in diesem Buch naturgemäß wenig, mehr allerdings von dem Wunsch nach dem Werk und der Sorge um es, welche das Buch selbst werden. Allein ein Hinweis auf eine Art Bewusstsein ohne Bewusstseinsgegenstand wird notiert: »Kein einziger Gegenstand bot sich meiner Aufmerksamkeit, ich war einer extremen aber nackten Aufmerksamkeit ausgeliefert.« (S. 13.) Davon bleibt nichts als »diese Zeilen, die, auf wörtliche Weise, ein Postskriptum bilden.« (S. 183.) Zu den Texten Laportes vgl. den von François Dominique herausgegebenen Band *Pour Roger Laporte* (mit Texten von u.a. Jacques Derrida, Michel Deguy und Bernard Noël), Paris 2006; Philippe Lacoue-Labarthe, »Avant-propos« und Maurice

Blanchot, »Postface«, in: Laporte, *Lettre à personne*, Paris 1989, S. 11–18, 89–95 resp.]

Maurice Blanchot

Eine Urszene [Zu Narziss]

Der[1] Hauptzug des Narzissmus liegt nach vulgärem oder subtilem Verständnis darin, dass es nur allzu leicht fällt, ganz wie bei der Eigenliebe La Rochefoucaulds,[2] seine Effekte überall und in allem aufzuzeigen; es reicht, ihm die Form des Adjektivs zu verleihen: Was wäre nicht narzisstisch? Alles, was man als seiend oder nichtseiend setzen kann. Selbst wenn der Narzissmus seiner selbst entsagt, bis dahin, dass er, vom Los des Rätselhaften bestimmt, in das er dann gehüllt ist, negativ wird, so hört er doch nicht auf, auf passive Weise aktiv zu sein: Die Askese, der absolute, bis an die Leere reichende Rückzug, sie lassen sich noch als narzisstische Formen erkennen, als eine recht fade Weise, mit der ein enttäuschtes oder über seine Identität verunsichertes Subjekt Selbstbehauptung zu erlangen sucht, gerade während es sich für nichtig erklärt. Ein Bestreiten des Narzissmus, das nicht zu vernachlässigen ist. Wir finden hier den abendländischen Schwindel wieder, in dem alle Werte in Bezug auf das Selbe gesetzt werden, und dies um so mehr, als sich alles um ein »Selbes« dreht, das schlecht beieinander ist, schwindend, verloren im Moment, da es ergriffen wird, das also ein vorzügliches Thema für jedwede dialektische Bewegung abgibt.

Die Spezialisten der Mythologie legen auf recht deutliche Weise dar, wie sehr die Version Ovids, des intelligenten, gebildeten Dichters, dessen Auffassung des Narzissmus allen narrativen Bewegungen so folgt, als ob diesen selbst psychoanalytisches Wissen zueigen wäre, den Mythos ändert, ihn weiterentwickelt und auf diese Weise zugänglicher macht.[3] Aber es gibt einen besonderen Zug an diesem Mythos, den Ovid schließlich vergisst, und der darin liegt, dass Narziss, über die Quelle gebeugt, sich in dem zerfließenden Bilde, das die Wasseroberfläche ihm zurückwirft, nicht erkennt. Nicht er ist es also, sein vielleicht unexistentes »Ich«, das er liebt oder begehrt, und sei es in seiner Verkennung. Und wenn er sich nicht erkennt, dann weil das, was er sieht, ein Bild ist, weil die Ähnlichkeit eines Bildes, deren Charakter es ist, nichts zu gleichen, auf niemanden verweist, weil er sich aber darin »verliebt«, und zwar deshalb, weil das Bild

– jedes Bild – anziehend ist, die Anziehung der Leere selbst und des Todes in seiner trügerischen Verlockung. Die Lehre des Mythos, der wie jeder Mythos, wenn er in die Fabel umschlägt, erbaulich ist, wäre, dass man der Faszination der Bilder, die nicht nur täuschen (die Plotinschen Kommentare sind von daher billig[4]), sondern auch jede Liebe unsinnig machen, denn es bedarf einer Distanz, sodass die Liebe aus ihr entstehen kann, sodass sie nicht unmittelbar befriedigt wird – was Ovid mit seinen subtilen Hinzufügungen dadurch übersetzt hat, dass er Narziss sagen lässt (als ob Narziss sprechen, zu »sich« sprechen, Selbstgespräche führen könnte): »Der Besitz hat mich besitzlos gemacht.«[5]

Das Mythische an diesem Mythos: Der Tod ist hier, ohne genannt zu werden, im Wasser gegenwärtig, in der Quelle, dem blumigen Spiel einer Verzauberung voll Lauterkeit, welche sich nicht auf den schreckenerregenden Abgrund des Untergrunds öffnet, sondern diesen auf gefährliche (verrückte) Weise in der Gaukelei spiegelt, die sich mit der Nähe zu einer Oberfläche bildet.[6] Stirbt Narziss? Kaum; Bild geworden löst er sich in der unbeweglichen Auflösung der Einbildung, wo er ohne es zu wissen zergeht, ein Leben verlierend, das er nicht hat; denn wenn man aus den antiken Kommentaren, die stets zu rationalisieren bereit sind, eines ziehen kann, dann die Tatsache, dass Narziss, dies Gotteskind, nie zu leben begonnen hat (vergessen wir nicht, dass die Geschichte des Narziss eine Geschichte von Göttern oder Halbgöttern ist), und dass er sich von den anderen nicht berühren ließ, nicht sprach, kein Wissen von sich besaß, da er gemäß dem Befehl, den er empfangen hatte, von sich selbst abgewendet bleiben musste – und so ist er sehr nahe dem wunderbaren Kind, das immer schon tot und dennoch zu einem fragilen Sterben bestimmt ist und von dem uns Serge Leclaire berichtet hat.

Ja, ein fragiler Mythos, ein Mythos der Fragilität, wo uns in dem bebenden Zwischenraum eines Bewusstseins, das sich nicht gebildet hat, und einer Bewusstlosigkeit, die sich zeigt und damit aus dem Sichtbaren das Faszinierende macht, die Möglichkeit geschenkt wird, von einer der Versionen des Imaginären zu lernen,[7] gemäß welcher der Mensch – ist es der Mensch? –, wenn er sich dem Bild nachbilden kann, umso mehr der Gefahr ausgesetzt ist, dem Bilde nach zu zergehen und sich dann der Illusion einer Ähnlichkeit zu öffnen, die vielleicht schön, vielleicht tödlich ist, die sicher aber aus einem flüchtigen Tode stammt, der gänzlich in der Wiederholung einer stummen Verkennung liegt. Natürlich sagt der Mythos nichts derartig Manifestes. Im Allgemeinen sagen die griechischen Mythen nichts, sie verführen durch ein verdecktes Orakelwissen, das nach einem unendlichen Ratespiel verlangt. Was wir Sinn oder gar Zeichen nennen, ist ihnen fremd: Sie geben Zeichen, ohne zu bedeuten, zeigen, entziehen, sie, die immer lauter sind, sagen das durchsichtige Geheimnis, das Geheimnis der Durchsichtigkeit. So ist jeder Kommentar plump, geschwätzig und dies umso mehr, als er auf erzählende Weise gesprochen wird und sich die geheimnisvolle Geschichte auf verständliche Weise in erläuternden Episoden entwickelt, welche wiederum eine sich entziehende Klarheit in sich tragen. Wenn Ovid in die Fabel des Narziss das sozusagen für sich sprechende Schicksal der Echo einführt, womit er vielleicht eine Überlieferung fortsetzt, dann wohl, um uns zu verführen, darin eine Unterweisung durch die Sprache zu entdecken, die wir nachträglich hinzufügen. Was aber instruktiv bleibt: Da gesagt wird, Echo liebe ihn, ohne sich sehen zu lassen, wird Narziss von einer Stimme ohne Körper, welche dazu verdammt ist, immerzu das letzte Wort – und nichts anderes – zu wiederholen, zur Begegnung und zu einer Art Nichtdialog gerufen, eine Sprache, die weit davon entfernt ist, diejenige Sprache zu sein, aus der heraus der Andere zu ihm kommen sollte, die nur mimetische, reimende Alliteration ist, ein Anschein von Sprache. Narziss wird Einsamkeit unterstellt, nicht weil er seiner selbst zu gegenwärtig wäre, sondern weil ihm verordnet ist (du wirst dich nicht sehen), der reflexiven Anwesenheit – seiner selbst – zu ermangeln, von welcher aus der Versuch eines lebendigen Bezugs zu einem anderen Leben unternommen werden könnte; ihm wird unterstellt zu schweigen, denn vom Sprechen hat er nichts als das wiederholte Hören einer Stimme, die ihm dasselbe sagt, ohne dass er es sich zuschreiben kann und die genau in dem Sinne narzisstisch ist, als er sie nicht liebt und als sie ihm nichts *anderes* zu lieben gibt. Schicksal des Kindes, von dem man annimmt, es wiederhole die letzten Worte, wo es doch einer säuselnd murmelnden Unruhe angehört, die nicht Sprache, sondern Bezauberung ist; Schicksal auch der Liebenden, die sich mit ihren Worten berühren, die in Wortkontakt sind und so einander endlos wiederholen, sich über das Banalste entzücken können, eben weil ihre Sprache nicht Sprache, sondern die Zunge ist, die sie sprechen, und sie einander ihr eigenes Bild in einer Verdoppelung zurückwerfen, die zwischen Trug- und Andachtsbild aufgespannt ist.

Was an diesem wahrscheinlich späten Mythos[8] somit verblüfft, ist der erneute Widerhall des Blickverbots, das sich in der griechischen Tradition beharrlich zeigt, auch wenn diese ein Ort des Sichtbaren ist, ein Ort der Gegenwart des Göttlichen, die göttlich schon deshalb ist, weil sie erscheint und weil sie es in mehrfacher Erscheinung tut. Immer gibt es etwas, das nicht zu sehen ist, weniger, weil man nicht alles sehen darf, als deshalb, weil die Götter im Wesentlichen sichtbar sind und Sehen somit bedeutet, sich der Gefahr, die im Heiligen liegt, auszusetzen, und dies jedes Mal, wenn die Arroganz, die dem Blick eignet, ihn alsbald starren und Besitz ergreifen lässt, die ihn auf eine Weise blicken lässt, die nicht zurückhaltend ist, sich nicht zurückzieht. Ohne Tiresias ins Feld zu führen, der zu sehr die Rolle des Hellsehers vom Dienst innehat; auch ohne mit den beiden Orakelsprüchen zu spielen, als ob sie vorsätzliche Umkehrungen voneinander wären: »Erkenne dich selbst«[9] und »Ja, er wird lange leben, wenn er niemals sich selbst erkennt«[10] – man muss wohl eher denken, dass Narziss, als er das Bild, das er nicht erkennt, sieht, darin das Göttliche erblickt, den nicht lebendigen Anteil an der Unendlichkeit (denn das Bild ist unvergänglich), die, ohne dass er es weiß, sein Schicksal sein würde, ein Bild, das zu erblicken er kein Recht hat, was mit der Strafe eines vergeblichen Begehrens geahndet wird, sodass man sagen kann, er stirbt daran (falls er stirbt), unsterblich zu sein, an einer Erscheinungsunsterblichkeit, was die Verwandlung in die Blume, die Blume des Grabschmucks, Blume des Redeschmucks, belegt.[11]

»Das[12] Blau des Himmels«[13] sagt am besten die Leere des Himmels: *das Desaster als Entzug aus dem Schutz des Sternenraums und als Verweigerung einer heiligen Natur.*

Der Sprache vertrauen, der Sprache verstanden als Aufruf zum Misstrauen, der uns anvertraut wurde, so wie wir ihm anvertraut sind.

Das Geheimnis wahren: Es offensichtlich als Nichtgeheimnis sagen, darin es nicht sagbar ist.

Der isolierte, aphoristische Satz ist anziehend, weil seine Behauptung definitiv ist, so als ob um ihn herum, außerhalb seiner, nichts mehr spräche. Der anspielende Satz, auch er isoliert, sprechend, nicht sprechend, was er sagt durchstreichend im gleichen Moment, in dem er es sagt, macht aus dem Zweideutigen einen Wert. »Nehmen wir an, ich hätte nichts gesagt.« Der erste Satz ist normativ. Der zweite glaubt, der Illusion des Wahren zu entkommen, gefällt sich sodann aber in der Illusion selbst als dem Wahren, glaubt, dass das, was geschrieben wurde, behalten werden kann. Der Anspruch des Fragments liegt darin, sich diesen beiden Arten von Gefahr auszusetzen: Die Kürze genügt diesem Anspruch nicht; an den Rändern oder im Hintergrund einer als abgeschlossen geltenden Rede wiederholt sie diese in Stücken, und im trügerischen Schein der Rückwendung weiß sie nicht, ob sie nicht das, was sie der Rede entnimmt, nur mit neuer Sicherheit versieht. Hören wir diese Warnung: »Man muss befürchten, dass, ganz wie die Ellipse, das Fragment, das ›Ich sage fast nichts und nehme es sogleich zurück‹ die Macht dieser gesamten reservierten Rede potentialisiert und jede Fortsetzung, jeden künftigen Zusatz von vorneherein unter die Herrschaft seiner Logik zwingt.« (Jacques Derrida.)

Die immer in Frage zu stellende Frage: »Lässt sich das Vielfache auf zwei zurückführen?« Eine Antwort: Wer zwei sagt, tut nichts anderes, als Eins zu *wiederholen* (oder die duale Einheit[14]), es sei denn, der zweite Term, als der andere, wäre das unendlich Vielfache, oder die Wiederholung des Einen behielte dieses nur, um es (vielleicht fiktiv) zum Verschwinden zu bringen. Es gibt also nicht zwei Reden: Es gibt die Rede und es gäbe die Unrede, von der wir fast nichts »wissen«, außer dass sie dem System, der Ordnung, der Möglichkeit, die Möglichkeit des Sprechens eingeschlossen, entweicht, und dass vielleicht das Geschriebene sie dort ins Spiel bringt, wo die Totalität zugelassen hat, dass über sie hinausgegangen wird.

Das Wasser, worin Narziss sieht, was er nicht sehen darf, ist kein Spiegel, der zu einem klaren und bestimmten Bilde fähig wäre. Was er sieht, ist im Sichtbaren das Unsichtbare, in der Gestalt das Ungestalte, das unbeständige Unbekannte einer Repräsentation ohne Anwesenheit, eine Repräsentation ohne Vorlage: das Namenlose, das einzig der Name, den es nicht besitzt, auf Abstand halten könnte.

Das sind Wahnsinn und Tod (aber *für* uns, die wir Narziss seinen Namen geben, ihn als ein Selbes in zwei Teilen errichten, d.h. als einen, der, ohne es zu wissen – und es wissend –, das Andere im Selben birgt, den Tod im Lebendigen: vielleicht das Wesen des Geheimnisses – Spaltung, die keine ist –, was ihm ein geteiltes Ich ohne Ich-Sagendes gäbe und ihn jedes Bezugs auf den Anderen als Gegenüber beraubte). Das Rinnen der Quelle hat etwas Klares zu sehen gegeben, das anziehende Bild von Jemandem, und zugleich verhindert es die beständige Starre eines reinen Sichtbaren (das man sich aneignen könnte), und es reißt alle – denjenigen, der zu sehen aufgerufen ist, und dasjenige, was er zu sehen glaubte – in einem Durcheinander von Begehren und Furcht (Ausdrücke, die das Verdeckte verdecken, einen Tod der keiner wäre) mit sich fort. Wenn Lacoue-Labarthe in sehr wertvollen Überlegungen daran erinnert, was Schlegel sagte: »Dichter sind doch immer Narzisse«,[15] darf man sich nicht damit zufrieden geben, darin auf oberflächliche Weise das Kennzeichen der Romantik zu sehen, für die künstlerische Schöpfung – Dichtung – absolute Subjektivität wäre, durch die sich der Dichter zum lebenden Subjekt des Gedichtes machen würde, die ihn reflektiert, so wie er auch Dichter dadurch ist, dass er sein Leben darin verändert, es zu Dichtung macht, indem er seine reine Subjektivität in diesem verkörpert – man muss es sicher auch noch anders verstehen: Es ist so, dass er in dem Gedicht, in das er sich schreibt, sich nicht erkennt, dass er sich hier seiner selbst nicht bewusst wird, er von der billigen Hoffnung eines gewissen Humanismus ausgeschlossen ist, nach welcher er durch das Schreiben und durch die künstlerische »Schöpfung« den Anteil an dunkler Erfahrung, die ihn bestimmen würde, in ein Mehr an Bewusstsein verwandelte: Im Gegenteil, zurückgewiesen, ausgeschlossen von dem, was geschrieben wird, und ohne selbst durch die Nichtgegenwart *seines* Todes dort gegenwärtig zu sein, muss er jedem Selbstbezug (Bezug eines Selbst, sei es lebend oder sterbend) mit dem, was hinfort dem Anderen zugehören oder ohne Zugehörigkeit bleiben wird, entsagen. Der Dichter ist Narziss in dem Maße, in dem Narziss Anti-Narziss ist: derjenige, der selbstabgewandt die Abwendung herbei trägt, sie erträgt, um daran zu sterben, dass er sich nicht wieder-erkennt, und der die Spur dessen hinterlässt, was nicht stattgefunden hat.

Die Worte Ovids über Narziss, die es zu behalten gilt: »*Er kam um durch seine Augen*« (sich in der Gestalt eines Gottes sehend – was erinnert an: Wer Gott sieht, stirbt) und »*unglücklich, weil du nicht der andere warst, weil du der andere warst*«.[16] Warum unglücklich? Das Unglück verweist auf fehlende Abstammung wie auf abwesende Fruchtbarkeit, den sterilen Waisen, das Bild des einsamen Loses. Was dialektische Vorgänge erlaubt oder im Gegenteil in einer regungslosen Strenge hält, aus der die Dichtung nicht ausgeschlossen ist.

Leben ohne Lebendes, wie Sterben ohne Gestorbenes: Schreiben verweist uns auf diese rätselhaften Sätze.

MAURICE BLANCHOT

—

[Maurice Blanchot, »*Une scène primitive*«, in: *Le nouveau commerce*, Nr. 39–40 (Frühjahr, 1978), S. 41–51; weiter fragmentiert wieder aufgenommen in: *L'écriture du désastre*, S. 191–196, 202–206 / *Die Schrift des Desasters*, S. 153–156, 162–165 (hier in davon abweichender Neuübersetzung und in der Komposition der Erstveröffentlichung wiedergegeben).]

1 [Die Version in *L'écriture du désastre* beginnt, ähnlich wie das Fragment, auf das sich dieser Text in Teilen bezieht, mit einer Raute und dem mit Fragezeichen versehenen Titel, liest sich also: »♦ (Eine Urszene?) Der ...«.]

2 [Vgl. François de La Rochefoucauld, *Spiegel des Herzens. Seine sämtlichen Maximen*, hrsg. und mit einem Vorwort von Wolfgang Krauss, übers. von Fritz Habeck, Zürich 1988, S. 97ff.]

3 [Vgl. insbesondere Pierre Hadot, »Le mythe de Narcisse et son interprétation par Plotin«, in: *Nouvelle revue de psychanalyse*, Nr. 13 (Frühjahr 1976), S. 81–108.]

4 [Vgl. ebd., S. 98–108; zum Bild-Begriff Plotins vgl. Werner Beierwaltes, »Realisierung des Bildes«, in: *Denken des Einen. Studien zur neuplatonischen Philosophie und ihrer Wirkungsgeschichte*, Frankfurt/M. 1985, S. 73–113, dort S. 173: »Neuplatonisches Denken begreift die aus dem absoluten Einen hervor-

gehende Wirklichkeit als ›Bild‹ des Ursprungs oder als Bild des Ur-Bildes.« Der Bezug Plotins auf Narziss, freilich ohne Nennung des Namens, findet sich in der Schrift *Peri tou kalou (Über das Schöne), Enneaden,* I, 6, 8, 8ff., in: *Plotins Schriften* Ia, übers. von Richard Harder, Hamburg 1956, S. 21.]

5 [Vgl. Publius Ovidius Naso, *Metamorphosen,* hrsg. und übers. von Gerhard Fink, Düsseldorf / Zürich 2004, III, v. 466: »inopem me copia fecit« (»ich darbe in Fülle«).]

6 [Hadot behandelt diesen Aspekt, insbesondere in Bezug auf das dionysische Element im Narziss-Mythos, welches mit dem Wasser und der narkotisierenden Blume, in die Narziss sich verwandelt, verbunden ist; vgl. »Le mythe de Narcisse«, a.a.O., S. 96-98; insbes. S. 98: »Die Quelle verwandelt auf gewisse Weise die Faszination des Narziss in narkotische Eigenschaften. Sie symbolisiert das dionysische Element der Fabel des Narziss.«]

7 [Vgl. Blanchot, »Les deux versions de l'imaginaire« (»Die zwei Versionen des Imaginären«), in: *L'espace littéraire (Der literarische Raum),* Paris 1955, S. 341-355.]

8 [Vgl. Hadot, »Le mythe de Narcisse«, a.a.O., S. 81: »Erst sehr spät, um die Zeit der christlichen Epoche taucht die Fabel des Narziss in der griechisch-römischen Literatur und Kunst auf.«]

9 [Vgl. den berühmten, seit der Antike dem Orakel von Delphi zugeschriebenen Weisheitsspruch »*Gnôthi seauton*«, den Pausanias (10, 24, 1) und Platon (Prot. 343a) zitieren; dazu Bruno Snell, *Leben und Meinungen der Sieben Weisen,* 4. Aufl., München 1971, S. 12f.]

10 [Vgl. die Prophezeiung des Tiresias zu Beginn der Narcissus-Episode: »de quo consultus, an esset / tempora maturae visurus longa senectae, / fatidicus vates ›si se non noverit‹ inquit.« (»Gefragt, ob diesem lange Lebenszeit und hohes Alter bestimmt sei, sprach der schicksalskundige Seher: ›Wenn er sich selbst nicht erkennt‹«), Ovid, *Metamorphosen* III, v. 346-348.]

11 In *L'écriture du désastre* folgen hier, über sechs Seiten gestreckt, fünf Fragmente, gezählt anhand der Rauten, die einigen Textabschnitten vorangestellt sind. Sie markieren einen uneinheitlichen Raum, ähnlich den auch hier folgenden Stücken, bevor der Text die Ausführungen zu Narziss wieder aufnimmt.

Die eingeschobenen Fragmente behandeln die Frage des Einen und des Vielfachen sowie die Als-Struktur; sodann beginnt eines mit dem Bataille-Zitat: »*Die Souveränität ist NICHTS*« (vgl. Georges Bataille, *La souveraineté* (1954), *Œuvres complètes*, Bd. 8, Paris, S. 243–456, hier S. 300; der Abschnitt, in der sich diese Formulierung befindet, ist in der Teilübersetzung, *Die Souveränität*, übers. von Rita Bischof, Elisabeth Lenk, Xenia Rajewsky, München 1978, S. 45–86, leider nicht enthalten); ein weiteres enthält einen Auszug, genauer den Beginn des Gedichts »Le fleuve« (»Der Fluss«) aus der Sammlung *Dans le leurre du seuil* (*Im Trug der Schwelle*) von Yves Bonnefoy: »Mais non, toujours / D'un déploiement de l'aile de l'impossible / Tu t'éveilles, avec un cri, / Du lieu, qui n'est qu'un rêve [...] / »Nein, nein doch, immer / den Flügel reckend des Unmöglichen / fährst Du, mit einem Schrei, erwachend / von dem Ort auf, der nur Traum ist [...]« (Yves Bonnefoy, Paris, Mercure de France, 1975, S. 253 / *Im Trug der Schwelle. Gedichte*, übertragen von Friedhelm Kemp, Stuttgart 1984, S. 9); das fünfte Fragment ist Wittgenstein und wiederum dem Einen gewidmet. Vgl. *L'écriture du désastre*, S. 196–202 / *Die Schrift des Desasters*, S. 156–162.

12 [In *L'écriture du désastre*: »♦ ›Das ...‹«; auch allen folgenden Abschnitten ist dort die Raute vorangestellt.]

13 [Wiederum ein Verweis auf Bataille; vgl. *Le bleu du ciel*, in: *Œuvres complètes*, Bd. III, Paris 1971, S. 377–487 / *Das Blau des Himmels*, übers. v. Sigrid von Massenbach u. Hans Naumann, München 1969.

14 [Der Begriff der »dualen Einheit« [»unité duelle«] spielt eine große Rolle in den Arbeiten von Maria Torok und Nicolas Abraham, vgl. insbesondere »Pour introduire L'*instinct filial*« (»Zur Einführung in den *Kindesinstinkt*«) (1972 als Einleitung zu Imre Herman, *L'instinct filial*, Paris), in: *L'écorce et le noyau*, Paris 1978, S. 334–338 und »Notes du séminaire sur l'unite duelle et le fantôme« (»Notizen zum Seminar über die duale Einheit und das Phantom«) (1974–75), ebd., S. 393–425; vgl. auch den Aufsatz »Deuil ou mélancolie« (»Trauer oder Melancholie«), der 1972 in der *Nouvelle Revue de Psychanalyse*, 6, erschienen war, sowie die Abhandlung zum *Wolfsmann*: *Kryptonymie. Das Verbarium des Wolfsmannes*, übers. von Werner Hamacher, Frankfurt/M. u.a., 1979 (mit dem Aufsatz von Jacques Derrida, »Fors«, S. 7–58).]

15 [Vgl. Philippe Lacoue-Labarthe, »Typographies«, in *Mimesis – des articulations*, Paris 1975, 165–270, S. 269; Vgl. das *Athenäums-Fragment* 131 von A.W.

Schlegel, in: *Kritische Friedrich-Schlegel-Ausgabe*, hrsg. von Ernst Behler, Erste Abteilung, Kritische Neuausgabe, Bd. 2, München / Paderborn / Wien 1958ff., S. 165ff., hier S. 186, Fragment 131.]

16 [Vgl. Ovid, *Metamorphosen*, III, v. 440: »perque oculos perit ipse suos« (»er vergeht durch seine eigenen Augen«); vv. 432–436: »credule, quid frustra simulacra fugacia captas? / quod petis, est nusquam; quod amas, avertere, perdes. / ista repercussae, quam cernis, imaginis umbra est: / nil habet ista sui. tecum venitque, manetque, / tecum discedet, si tu discedere possis« (»Was haschst du umsonst nach einem flüchtigen Trugbild? Was du ersehnst, ist nirgends; was du liebst, wirst du – geh nur beiseite – verlieren. Das da, was du siehst, ist dein Spiegelbild, ein Schatten ohne eigenes Ich. Es kommt mit dir, bleibt und wird mit dir gehen, wenn du zu gehen vermöchtest.«); und vv. 477–479: »›quo refugis? remane, nec me, crudelis, amantem desere!‹ clamavit: ›liceat, quod tangere non est, adspicere at misero praebere alimenta furori!‹« (»[...] rief er: ›Wo fliehst du hin? O bleib und verlass, Grausamer mich Liebenden nicht! Es sei mir vergönnt, was nicht zu fassen ist, anzusehen und daran meine unglückliche Liebe zu weiden!‹«).]

Maurice Blanchot

Ein Kind wird getötet (Fragmentar)

Sterben[1] meint: Gestorben, das bist du schon, in einer unvordenklichen Vergangenheit, gestorben eines Todes, der nicht der deine war, den du folglich weder erkannt noch erlebt hast, aber unter dessen Drohung du dich zu leben aufgerufen glaubst, während du ihn nunmehr aus der Zukunft erwartest, diese Zukunft bildest, um ihn endlich als etwas, das stattfinden und der Erfahrung angehören wird, möglich zu machen.

Schreiben, das ist, den bereits geschehenen Tod nicht mehr ins Futur setzen, sondern akzeptieren, ihn zu erleiden, ohne ihn gegenwärtig und ohne sich ihm gegenwärtig zu machen, zu wissen, dass er stattgefunden hat, wenngleich er nicht erlebt wurde, ihn anzuerkennen im Vergessen, das er hinterlässt, und *sich von der kosmischen Ordnung auszunehmen*, dort, wo das Desaster das Wirkliche unmöglich und das Begehren zu etwas macht, das nicht zu begehren ist.

Dieser ungewisse, immer vorgängige Tod, Zeugnis einer Vergangenheit ohne Gegenwart, ist niemals individuell, und ebenso überragt er das Ganze (das, was das Kommen des Ganzen voraussetzt, seine Vollendung, das Ende ohne Ende der Dialektik): außer Allem, außer Zeit, kann er nicht allein, so wie[2] Winnicott es denkt, durch die Wechselfälle des Schicksals erklärt werden, die der ersten Kindheit zueigen sind, wenn das Kind, dem das Ich noch entzogen ist, erschütternde Zustände durchlebt (die Uragonien), die es nicht erkennen kann, da es noch nicht existiert, die sich also ereignen ohne stattzufinden, was später den Erwachsenen dazu führen wird, sie in einer Erinnerung ohne Erinnerung und durch sein von Sprüngen durchzogenes Ich von seinem zusammenbrechenden oder zu Ende kommenden Leben zu erwarten (von dem er sie entweder erwünscht oder befürchtet). Oder vielmehr ist dies nur eine, im Übrigen beeindruckende Erklärung, eine fiktive Anwendung, die dazu bestimmt ist, zu individualisieren, was nicht zu individualisieren ist, oder dazu, eine Darstellung des Undarstellbaren zu liefern, glauben zu machen, dass man, mit Hilfe der Übertragung, in der Gegenwart einer Erinnerung (das heißt, in einer aktualisierten Erfahrung) die Passivität des unvordenklichen Unbekannten fixieren könnte, mit einem Verfahren der Ablenkung, das vielleicht therapeutisch nützlich ist, insofern es demjenigen, der in der Heimsuchung eines drohenden Zusammenbruchs lebt, mittels einer Art Platonismus zu sagen erlaubt: Das wird nicht stattfinden, das hat bereits stattgefunden, ich weiß, ich erinnere es – was die Wiederherstellung eines Wahrheitswissens und einer allgemeinen, linearen Zeit bedeutet.

Ohne[3] Gefängnis wüssten wir, dass wir alle bereits im Gefängnis sind.

Der[4] notwendige unmögliche Tod: Warum entweichen diese Worte – und die unerlebte Erfahrung, auf die sie sich beziehen – dem Verstehen? Warum stoßen sie zurück; warum diese Weigerung? Warum löscht man sie aus, indem man daraus eine Fiktion macht, die einem Autor zueigen ist? Das ist wohl natürlich. Das Denken kann dies, was es in sich trägt und was es trägt, nicht aufnehmen, es sei denn, es vergisst es. Ich werde zurückhaltend davon sprechen und dabei einige scharfsinnige Bemerkungen (sie vielleicht verfälschend) verwenden, die Serge Leclaire formuliert hat. Nach ihm lebt und spricht man nur, indem man das *Infans* (auch im Anderen) tötet. Aber was ist das *Infans*? Offensichtlich dasjenige, was noch nicht zu sprechen begonnen hat und nie sprechen wird; aber mehr noch das wunderbare (schreckenerregende) Kind, das wir in den Träumen und Wünschen derer gewesen sind, die uns gemacht haben und zur Welt kommen sahen (Eltern, die ganze Gesellschaft). Wo ist es, dieses Kind? Dem psychoanalytischen Vokabular gemäß (das, glaube ich, nur denjenigen zu gebrauchen zusteht, die die Psychoanalyse ausüben, das heißt, für die sie ein Risiko ist, äußerste Gefahr, tägliche Infragestellung – andernfalls handelt es sich bloß um die gefällige Sprache einer etablierten Kultur) gäbe es Gründe, dieses Kind mit der »primären narzisstischen Repräsentation« zu identifizieren, die den Status eines für immer unbewussten und folglich für immer unauslöschlichen Repräsentanten hat. Daher die streng genommen »verrückte« Schwierigkeit: Um nicht im *Limbus* des *Infans* und damit im Diesseits des Begehrens ungestalt zu verbleiben, gilt es, das Unzerstörbare zu zerstören und sogar demjenigen ein Ende zu machen (nicht mit einem Schlag, sondern beständig), zu dem man keinen Zugang hat, niemals gehabt hat und auch nie haben wird – der notwendige unmögliche Tod. Und, noch einmal, wir leben und sprechen nur (aber mit welcher Art von Sprechen?), weil der Tod bereits stattgefunden hat:

unverortetes, nicht zu verortendes Ereignis, mit dem wir, um nicht im Sprechen selbst darüber zu verstummen, die Arbeit des Begriffs (der Negativität) oder auch die psychoanalytische Arbeit betrauen, die nicht anders kann, als die »gewöhnliche Verwirrung« zwischen diesem ersten Tod, der sich unaufhörlich vollzöge, und dem zweiten, leichtfertig und vereinfachend »organisch« genannten (als ob der erste es nicht wäre), aufzuheben.

Hier aber beginnen wir, Fragen zu stellen, und wir erinnern uns an den Denkweg Hegels: Kann die Verwirrung – das, was Sie Verwirrung nennen – jemals anders als durch einen Taschenspielertrick, durch die (auf bequeme Weise) idealistisch genannte List – die natürlich von großer und gewichtiger Bedeutsamkeit ist – verscheucht werden? Denn erinnern wir uns an den allerersten Hegel. Auch er dachte, noch vor dem, was man seine erste Philosophie nennt, dass die beiden Tode nicht voneinander zu trennen seien und dass allein die Tatsache, dem Tod entgegenzutreten, nicht nur ihm zu trotzen und sich seiner Gefahr auszusetzen (was der Zug des heroischen Mutes ist), sondern in seinen Raum einzutreten, ihn als unendlichen Tod zu erleiden, und auch als Tod schlechthin, als »natürlichen Tod«, die Souveränität und die Herrschaft begründen könne: den Geist mit seinen Vorrechten.[5] Absurderweise ergab sich daraus vielleicht, dass das, was die Dialektik in Bewegung setzte, diese unerfahrbare Erfahrung[6] des Todes, sie alsbald auch wieder aussetzte, in einem Aussetzen, von dem der spätere Prozess eine Art Erinnerung bewahrte, wie diejenige einer Aporie, mit der man nun immerfort zu rechnen hätte. Ich werde nicht auf die Einzelheiten dieses Vorgangs eingehen, mit dem diese Schwierigkeit von der ersten Philosophie an durch eine ungeheuerliche Anreicherung des Denkens überwunden wurde. Das ist alles wohl bekannt. Es bleibt, dass, wenn der Tod, der Mord, der Selbstmord ins Werk gesetzt sind und wenn der Tod sich selbst tilgt, indem er machtlose Macht und später Negativität wird, jedes Mal, wenn man mithilfe des möglichen[7] Todes einen Schritt weitergeht, es die Notwendigkeit gibt, nicht hinüber zu schreiten in den Tod, den kein Satz fasst, den Tod ohne Namen, über den kein Wort zu verlieren, kein Begriff zu bilden ist, die Unmöglichkeit[8] selbst.

Ich werde eine Bemerkung, eine Frage anfügen: Das Kind Serge Leclaires, das glorreiche, schreckliche, tyrannische Kind, dass man insofern nicht töten kann, als man nur dadurch, dass man nicht aufhört, es in den Tod zu schicken, zu einem Leben und einem Sprechen gelangt, könnte es nicht genau das Kind Winnicotts sein, dasjenige, das, bevor es lebte, dem Sterben verfallen war, das tote Kind, das kein Wissen, keine Erfahrung in der bestimmbaren Vergangenheit *seiner*[9] Geschichte zu fixieren vermag? Derart glorreich, schrecklich, tyrannisch, weil es *ohne unser Wissen*[10] (selbst und vor allem, wenn wir, wie hier, vorgeben, es zu wissen und zu sagen) immer schon gestorben ist. Was wir demnach zu töten anstreben, ist sehr wohl das tote Kind, nicht dasjenige, dessen Funktion es wäre, den Tod ins Leben zu tragen und in ihm zu bewahren, sondern dasjenige, dem die »Verwirrung« der beiden Tode nicht hat nicht widerfahren können und das uns dadurch niemals ermächtigt, sie »aufzuheben«, wodurch es die *Aufhebung*[11] mit Nichtigkeit heimsucht und jede Widerlegung des Selbstmords vergeblich macht.

Ich stelle fest, dass Serge Leclaire und Winnicott sich beinahe auf dieselbe Weise bemühen, uns vom Selbstmord abzulenken, indem sie sagen, dass er keine Lösung darstellt. Wenn der Tod die unendliche Geduld demgegenüber ist, was sich nie ein für alle Male vollzieht, dann verfehlt der Kurzschluss des Selbstmordes sicherlich den Tod, indem er auf »illusorische Weise« die Passivität dessen, was nicht stattfindet, da es immer schon stattgefunden hat, in eine aktive Möglichkeit verwandelt. Aber vielleicht muss man den Selbstmord anders verstehen.

Es kann sein, dass der Selbstmord eine Weise ist, auf die uns das Unbewusste (das Wachen in seiner ungeweckten Wachsamkeit) warnt, dass es in der Dialektik hapert, indem es uns daran erinnert, dass das immer zu tötende Kind das immer schon gestorbene Kind ist, derart, dass im Selbstmord – was wir so nennen – *schlicht nichts sich ereignet;* von daher das Gefühl der Ungläubigkeit, des Schreckens, das er uns immer verschafft, während er zugleich den Wunsch wachruft, ihn zu widerlegen, das heißt ihn wirklich zu machen, das heißt unmöglich. Das »Es ereignet sich nichts« des Selbstmordes kann sehr wohl die Form des Ereignisses in einer Geschichte annehmen, die dadurch, durch dieses kühne Ende, dieses offensichtliche Ende einer Unternehmung, eine individuelle *Wendung* nimmt: Was aber ein Rätsel bleibt, ist, dass, genau indem ich mich töte, »ich« nicht »mich« töte, sondern, in gewissem Sinne das Geheimnis ausplaudernd, jemand (oder etwas) sich eines verschwindenden Ichs bedient – in Gestalt des Anderen – um ihm zu offenbaren, sowie allen zu offenbaren, was sogleich wieder entweicht: nämlich die Nachträglichkeit des Todes, die unvordenkliche Vergangenheit des einstigen Todes. Es gibt keinen Tod, der *anwesend*[12] oder im Futur (in einer zukünftigen Gegenwart) wäre. Der Selbstmord ist vielleicht, und sogar sicher, eine Täuschung, aber sein Einsatz liegt darin, für einen Augenblick jene andere Täuschung offensichtlich – verborgen – zu machen, die der so genannte organische oder natürliche Tod ist, insofern sich dieser als gesondert geben will, als auf entschiedene Weise ausgenommen, als nicht zu verwechseln, fähig stattzufinden, aber nur einmal statthabend – und somit als die Banalität des undenkbaren Einmaligen.

Doch was wäre der Unterschied zwischen dem Tod durch Selbstmord und dem nicht selbstmordenden Tod (wenn es einen gibt)? Dass der erste, indem er sich der (ganz auf die *Möglichkeit* des Todes, auf den Gebrauch des Todes als ein Vermögen gegründeten) Dialektik anvertraut, das dunkle Orakel ist, das wir nicht entziffern, dank dessen wir aber ahnen und doch unaufhörlich vergessen, dass derjenige, der bis ans Ende des Todeswunsches gegangen ist, sein Recht auf den Tod eingefordert und auf sich selbst eine tödliche Macht angewandt hat – *sive*[13] Heidegger, *die Möglichkeit der Unmöglichkeit* eröffnend – oder auch geglaubt hat, sich zum Beherrscher der Herrschaftslosigkeit zu machen, sich in einer Falle fangen lässt und auf ewig – einen Augenblick offensichtlich – da innehält, wo er aufhört, ein Subjekt zu sein, seine eigensinnige Freiheit verliert und sich, anderer als er selbst, am Tode stößt wie an dem, was nicht eintrifft oder wie an dem, was sich (indem es die Dialektik in einer Art Demenz dementiert, da es sie zu Ende kommen lässt) in *die Unmöglichkeit jeder Möglichkeit* verkehrt. Der Selbstmord ist in gewissem Sinne eine Beweisführung (von daher sein arroganter, unangenehmer, indiskreter Zug), und was er beweist, ist das Unbeweisbare, nämlich, dass sich im Tod nichts ereignet und dass dieser selbst sich nicht ereignet (von daher die Vergeblichkeit und Notwendigkeit seines wiederholenden Charakters). Aber es bleibt von dieser misslungenen Beweisführung, dass wir auf »natürliche Weise« den Tod, der wort- und begriffslos ist (eine Behauptung, die übrigens immer wieder in Zweifel zu ziehen ist), nur dann sterben, wenn wir (das sind natürlich nicht »wir«) mittels eines stetigen, unscheinbaren und vorgängigen[14] Selbstmords, der von niemandem verübt wird, zu der Illusion eines Endes der Geschichte greifen, wo alles wieder zur Natur zurückkehrt (zu einer vorgeblich denaturierten Natur), wenn der Tod, der nun aufhört, ein immer doppelter Tod zu sein, und so, als habe er die unendliche Passivität des Sterbens ausgeschöpft, auf die Einfachheit der natürlichsten Sache schwindet, unbedeutender und uninteressanter als ein Sandhügel, der in sich zusammenfällt.

»Ein[15] Kind wird getötet.« Man muss sich schließlich an diesen Titel erinnern und an die Kraft der Unbestimmtheit, die ihm eigen ist. Nicht *ich*[16] bin es, der das Infans zu töten und immer wieder zu töten hätte, jenes Infans, welches ich primär und damals gewesen bin, als ich noch nicht war, jedoch war zumindest in den Träumen, den Wünschen und dem Imaginären einiger, und schließlich aller. Es gibt den Tod und den Mord (Worte, die, wie ich wetten würde, nicht ernstlich voneinander zu scheiden sind, die man aber dennoch trennen muss); für diesen Tod und diesen Mord muss das Unpersönliche dieser Wendung, oder ein nicht handelndes und unverantwortliches »Man« – »Man tötet ein Kind«[17] – zur Verantwortung gezogen werden – und genauso ist auch das Kind ein Kind, immer unbestimmt und ohne Bezug zu irgendwem. Ein schon totes Kind kommt zu Tode, stirbt einen mörderischen Tod, ein Kind, von dem wir nichts wissen, selbst wenn wir es als wunderbar, schrecklich, tyrannisch oder unzerstörbar bezeichnen: nichts wissen bis auf das Wissen, dass die Möglichkeit des Sprechens und des Lebens durch den Tod und den Mord von der singulären Beziehung abhängen würde, die sich auf fiktive Weise mit einer stummen Vergangenheit, diesseits der Geschichte, folglich außerhalb der Vergangenheit, einrichtete, zu deren Figur das ewige Kind sich macht, während es sich ihr zugleich entzieht. »Ein Kind wird getötet.« Täuschen wir uns nicht über die Gegenwartsform: Sie zeigt an, dass dieser Vorgang niemals ein für alle Male stattfindet, dass er zu keinem ausgewählten Zeitpunkt vollzogen wird, dass die Durchführung dieser Handlung Unbehandelbares ist, und dass sie somit dahin geht, nichts zu sein als die Zeit zerstörende (auslöschende) Zeit selbst, Auslöschung oder Zerstörung oder Gabe, die sich je schon in der Präzession eines Sagens außerhalb jedes Gesagten bekannt hat, in einem Schriftsprechen, durch welches diese Auslöschung, weit davon, sich ihrerseits auszulöschen, kein Ende nimmt, nie dem Abschluss einen Ausdruck verleiht, und dies sogar bis in die Unterbrechung,[18] die ihre Markierung bildet.

»Ein Kind wird getötet.« Dieses stumme Passiv, diese tote Ewigkeit, der man die Form einer Lebenszeit verleihen muss, um mittels eines

Mordes seiner Herr zu werden, dieser Niemandsbegleiter, dem wir eine besondere Form im Mangel zu geben versuchen, um von nun an in der Zurückweisung des Mangels zu leben, um aus diesem Nichtbegehren heraus zu begehren und durch oder gegen sein Nichtsprechen zu sprechen – es gibt nichts (Wissen oder Nichtwissen), das uns davon in Kenntnis setzen könnte, auch wenn der einfachste aller Sätze in wenigen Worten (ein Kind wird getötet) es zu verbreiten scheint, in einem Satz allerdings, der alsbald jeder Sprache entrissen ist, da seine Anziehung uns außerhalb des Bewusstseins und außerhalb des Unbewusstseins führen würde, jedes Mal, wenn es uns, andere als wir selbst und im Bezug der Unmöglichkeit zum Anderen, gegeben wäre, ihn auszusprechen, Unaussprechliches.

MAURICE BLANCHOT

—

[Maurice Blanchot, »On tue un enfant (fragmentaire)«, in: *Le nouveau commerce*, Nr. 33–34 (Frühjahr, 1976), S. 19–29; weiter fragmentiert und leicht umgeordnet wieder aufgenommen in *L'écriture du désastre/ Die Schrift des Desasters*, a.a.O., S. 108–117 / S. 85–92 (hier in davon abweichender Neuübersetzung und in der Komposition der Erstveröffentlichung wiedergegeben).]

1 [In *L'écriture / Schrift*: »♦ Sterben …«. Das Textstück trägt hier keinen Titel.]

2 [Ein Detail: Dieses »so wie« ist in den beiden Versionen des Textes unterschiedlich gebildet: In *Le nouveau commerce* steht »comme«, in *L'écriture / Schrift* hingegen »ainsi que«. Der Unterschied ist allenfalls stilistisch, die letztere Wendung etwas gepflegter; der Grund für diese Veränderung kann auch in einem kaum spürbaren rhythmischen Unterschied liegen.]

3 [In *L'écriture / Schrift*: »♦ Ohne …«.]

4 [In *L'écriture / Schrift*: »♦ Der …«.]

5 [Blanchot spielt hier höchstwahrscheinlich auf ein Fragment des jungen Hegel von 1795 über die Liebe an, in dem sich Folgendes zu lesen findet: »Weil

die Liebe ein Gefühl des Lebendigen ist, so können Liebende sich nur insofern unterscheiden, als sie sterblich sind, als sie diese Möglichkeit der Trennung denken nicht insofern als wirklich etwas getrennt wäre, als das Mögliche mit einem Sein verbunden ein Wirkliches wäre. An Liebenden ist keine Materie, sie sind ein lebendiges Ganzes; Liebende haben Selbständigkeit, eigenes Lebensprinzip heißt nur: sie können sterben. Die Pflanze hat Salz und Erdteile, die eigene Gesetze ihrer Wirkungsart in sich tragen, ist die Reflexion eines Fremden, und dieses heißt nur: die Pflanze kann verwesen. Die Liebe strebt aber auch diese Unterscheidung, diese Möglichkeit als aufzuheben und selbst das Sterbliche zu vereinigen, es unsterblich zu machen. Das Trennbare, solange es vor der vollständigen Vereinigung noch ein eigenes ist, macht den Liebenden Verlegenheit, es ist eine Art von Widerstreit zwischen der völligen Hingebung, der einzig möglichen Vernichtung, der Vernichtung des Entgegengesetzten in der Vereinigung – und der noch vorhandenen Selbständigkeit [...].« (Hegel, »Die Liebe«, in: Hermann Nohl (Hrsg.), *Hegels Jugendschriften*, Tübingen 1907, S. 378–382, hier S. 379f.). Auszüge des Textes wurden 1947 von Alexandre Kojève im Anhang über die »Dialektik des Realen« zu seiner *Introduction* erstmalig in französischer Übersetzung veröffentlicht (vgl. *Introduction à la lecture de Hegel. Leçons sur la Phénoménologie de l'Esprit professées de 1933 à 1939 à l'École des Hautes Études*, Paris 1947, S. 445–529, hier S. 512f.). Kojève nimmt noch einmal Bezug auf das Fragment über die Liebe in dem berühmten Abschnitt über »L'idée de la mort dans la philosophie de Hegel« (ebd., S. 529–576, dort 551f.; vgl. die deutsche Teilübersetzung der Kojèveschen Vorlesungen als: *Hegel. Kommentar zur* Phänomenologie des Geistes, übers. von Iring Fetscher und Gerhard Lehmbruch, Frankfurt/M. 1996.). Kojève, der erklärt, dass sich »sämtliche Hauptthemen der Hegelschen Philosophie bereits in dieser frühen Schrift finden«, beharrt allerdings auf der »wesentlichen Unterscheidung zwischen dem Tod des Menschen, welcher der Tod im eigentlichen Sinne ist, und dem Tod als Dahinscheiden und Verwesen eines bloß lebendigen Wesens« (ebd., S. 552), und nicht, wie Blanchot, auf der Neutralisierung dieser Unterscheidung und ihrer Aufhebung. Zu Blanchots direkter Bezugnahme auf Kojève, vgl. »La littérature et le droit à la mort« (1947–48), in: *La part du feu*, Paris 1949, S. 291–331; *Die Literatur und das Recht auf den Tod*, übers. von Clemens-Carl Härle, Berlin 1982 (dieser Aufsatz erscheint in einer überarbeiteten Übersetzung in *Das Neutrale. Texte und Fragmente zu Philosophie*, Zürich-Berlin 2009); vgl. auch Michael Turnheim, »Kommen und Gehen des Todes«, *infra*.]

6 [»expérience inexpérimentable«, einzige Variation des häufigen Syntagmas von der »unerlebten Erfahrung« [»expérience inéprouvée«].]

7   [In *L'écriture / Schrift* ist *möglichen [possible]* kursiv gesetzt.]

8   [In *L'écriture / Schrift* ist Unmöglichkeit *[impossible]* kursiv gesetzt.]

9   [In *L'écriture / Schrift* nicht kursiv.]

10 [In *L'écriture / Schrift* nicht kursiv.]

11 [Deutsch im Original.]

12 [In *L'écriture / Schrift* nicht kursiv.]

13 [In *L'écriture / Schrift*: »wie Heidegger sagt *[ainsi que le dit Heidegger]*«.]

14 [In *L'écriture / Schrift* ist *vorgängig [préalable] kursiv* gesetzt.]

15 [In *L'écriture / Schrift*: »♦›Ein Kind …‹«.]

16 [In *L'écriture / Schrift* nicht kursiv gesetzt.]

17 [Die Freudsche Wendung »Ein Kind wird geschlagen« wird im Französischen als »On bat un enfant« wiedergegeben, und dieser Satz liegt dem Leclaireschen Syntagma »On tue un enfant« zugrunde, dessen deutsche Übertragung »Ein Kind wird getötet« wiederum die passive Wendung enthält, die im Französischen fehlt; das Unpersönliche ist dort vielmehr durch ein »Man [*on*]« wiedergegeben.]

18 [In *L'écriture / Schrift* ist *Unterbrechung [interruption]* kursiv gesetzt.]

Maurice Blanchot

[(Eine Urszene?)]

♦ (Eine Urszene?) »*Unverschwiegenheit, Unsagbares, Unendliches, radikaler Wandel,*[1] *gibt es nicht zwischen dem, was mit diesen Worten benannt ist, wenn nicht einen Bezug, so doch einen Fremdheitsanspruch, der sie eins nach dem anderen – oder zusammen – auf das, was eine* Szene *genannt wurde, anwendbar machen würde? – Zu Unrecht, denn es entweicht dem, was Gestalt annehmen kann, wie auch der Fiktion; einfach deshalb, um nicht davon zu sprechen wie über ein Ereignis, das zu einem Moment in der Zeit stattgefunden hat. – Eine Szene: Ein Schatten, ein schwaches Schimmern, ein ›beinahe‹ mit den Zügen des ›zuviel‹, des in allem Exzessiven. – Das Geheimnis, auf das angespielt wurde,*[2] *ist, dass es keines gibt, außer für diejenigen, die dieses Eingeständnis verweigern. – Indessen unsagbar, insofern als erzählt, verlauten gelassen: nicht das Mallarmésche ›verlauten lassen‹ (wenngleich man nicht vermeiden kann, es aufzusuchen – ich erinnere mich noch daran:* ›*Ich lasse das Sprechen verlauten, um es wieder in seine Nichtigkeit zu tauchen*‹;[3] *es ist das ›um‹, die nur zu sehr etablierte Finalität von nichts, die nicht erlaubt, dass man hier innehält), eher als Gesagtes, das, ohne auf ein Nichtgesagtes (wie es vorzugeben eine Gewohnheit geworden ist) zu verweisen oder auf einen unerschöpflichen Reichtum des Sprechens, das Sagen ausspart, das es zu denunzieren, zu autorisieren oder zu einer Absage zu veranlassen scheint. – Sagen: Sagen Können? Das verdirbt es sofort. Die Ohnmacht entspräche ihm mehr. – Wenn nicht das, was entspricht, gerade hier unangemessen wäre: die Gabe des Wenigen, des Armen, mangels des niemals empfangenen Verlustes. – Wer aber erzählt? – Die Erzählung. – Der Vorbericht, ›der leuchtende Umstand‹, durch den das vom Blitz getroffene Kind schaut – ihm wird das Spektakel geboten – und zwar die glückliche Ermordung seiner selbst, die ihm die Stille im Sprechen bietet. – Die Tränen sind noch diejenigen eines Kindes. – Tränen eines ganzen Lebens, aller Leben, die absolute Auflösung, die, Freud oder Leid, vom kindlichen Antlitz in Unsichtbarkeit aufgehoben wird, um dort zu leuchten, bis sie zeichenlose Erregung wird. – Die sofort auf banale Weise interpretiert wird. – Die Banalität hat nicht Unrecht, sie*

ist ein Kommentar der Tröstung, wo die Einsamkeit rückhaltlos verworfen wird. – Ich komme noch einmal darauf zurück: Die Umstände sind ganz weltlich, der Baum, die Mauer, der winterliche Garten, der Spielbereich und mit ihm der Überdruss; dann sind es die Zeit und die Rede, das ohne Episoden Erzählbare oder rein Episodenhafte; selbst der Himmel mit seiner kosmischen Dimension, die er, sobald man ihn nennt, unterstellt – die Sterne, das All –, spendet bloß Beleuchtung durch ein mageres Licht, auch wenn es das ›fiat lux‹ wäre, die Entfernung, die nicht entfernt. – Auf jeden Fall derselbe Himmel ...
– Genau, es muss hier das Selbe genannt sein. – Nichts ist verändert.
– Außer der Umwälzung von nichts – Die durch das Zerspringen einer Fensterscheibe (hinter der man sich einer geschützten Klarsicht versichert), den endlich-unendlichen Raum des Kosmos – die gewöhnliche Ordnung – aufbricht, um an seine Stelle den weisen Schwindel des verlassenen Außen zu setzen, wie Schwarzes und Leeres, die der Plötzlichkeit der Öffnung entsprechen, sich als absolut geben und die Offenbarung durch Abwesenheit, durch Verlust und die Vertreibung des Jenseits ankündigen. – Das ›Jenseits‹, festgesetzt durch die Verfügung, die von diesem ausgehöhlten Wort ›nichts‹, das selbst nichts ist, ausgeht, wird jedoch in die Szene zurückgerufen, sobald die Öffnungsbewegung, sobald die Offenbarung und auch die Spannung des Nichts, des Seins und des Es gibt einfallen und eine unendliche Erschütterung auslösen. – Ich gebe zu, die Wendung: ›dass nichts da ist, das, was es gibt‹[4] verbietet, in aller Ruhe und schlichtweg als Negation ausgesagt zu werden (als ob anstatt dessen der ewige Übersetzer ›es gibt da nichts‹ schreiben würde). – Keine Negation, aber Ausdrücke, die, Bewegungen beendend, schwer wiegen, Stanzen, Seite an Seite gestellt (ohne Nachbarschaft), in sich geschlossene Genügsamkeit (außer jeder Bedeutung), je einzeln still und stumm, die sich so ihren Satzbezug anmaßen, der uns in große Verlegenheit bringt, wenn wir eine Bezeichnung für das, was hier bedeutet wird, finden müssten.
– Verlegenheit ist noch wenig: geht doch durch diesen Satz, was er nur im Zerspringen enthalten kann. – Ich für meinen Teil vernehme das Unwiderrufliche des Es gibt, gewalkt von Sein und Nichts, dieser vergeblichen Aufwallung, Ausbreitung, Einfaltung, Zug, Entzug, im Rhythmus eines namenlosen Rauschens. – Das Echolose der Stimme vernehmen: Fremdartiges Vernehmen – Vernehmen des Fremdartigen, aber gehen wir nicht weiter. – Da bereits zu weit voraus gewesen nach hinten zurückkehren. – Zurückkehren zur anfänglichen Anru-

fung, die zu einer fiktiven Annahme einlädt, ohne die vom Kind, das nie gesprochen hat, zu sprechen, bedeuten würde, noch dasjenige in die Geschichte, in die Erfahrung oder Wirklichkeit als Episode oder erneut als unbewegte Szene einzuführen, was sie hat zerfallen lassen (Geschichte, Erfahrung, Wirklichkeit), während es sie unbeschadet ließ. – Die großzügige Auswirkung des Desasters. – Die Seneszenz des Gesichtes ohne Falten. – Die größte Beleidigung der Dichtung und der Philosophie, unterschiedslos.«

»*Die Frage, die immer noch ausgesetzt ist: Wo dieses ›Sterben-Können‹, das ihm Freude und Verheerung bescherte, nun gestorben ist, hat er überlebt, oder eher, was bedeutet jetzt überleben, wenn nicht zu leben mit der Einwilligung in die Weigerung, im Versiegen der Zerregung, unter Entzug der Investition ins eigene Selbst, des-investiert, bis zur Ruhe entkräftet, nichts erwartend? – Infolgedessen in Erwartung und in Wachsamkeit, denn plötzlich erwacht und es hinfort wissend, nie wach genug.*«

—

[Ein Fragment aus der *L'écriture du désastre* (a.a.O., S. 176–179 / *Schrift*, S. 140–143), das in keiner frühen Version veröffentlicht vorliegt und hier in einer Neuübersetzung geboten wird. Das Textstück, das – bis auf den mit Klammern und Fragezeichen versehenen titelhaften ersten Satz, die Wörter *Szene* und *selbe* sowie ein Mallarmé-Zitat – ganz in Kursiv gesetzt ist, verflicht Elemente der »narrativen« Version der *Urszene*, eine Art »Selbstkommentar« zu dieser und Verweise auf einige wichtige Motive und Begriffe der *Écriture*.]

1 [*Unverschwiegenheit, Unsagbares, Unendliches, radikaler Wandel* ist ein Selbstverweis auf das vorhergehende Fragment, wo die von Emmanuel Levinas stammende Formel von der »Indiskretion in Hinblick auf das Unsagbare« kommentiert wird; vgl. *Écriture / Schrift*, S. 176 / 140.]

2 [Zum *Geheimnis* vgl. Jacques Derrida, »Fors«, in: Nicolas Abraham / Maria Torok, *Kryptonymie. Das Verbarium des Wolfsmannes*, übers. von Werner Hamacher, Frankfurt/M. u.a. 1979, S. 7–58.]

3 [Vgl. Stéphane Mallarmé: »Je profère la parole, pour la replonger dans son inanité«, in: *Igitur [Notes 2]* in: *Œuvres complètes I*, hrsg. von Bertrand Mar-

chal, Paris 1998, S. 471–511, hier: 482; der unvollendete *Igitur* ist übertragen in: Stéphane Mallarmé, *Sämtliche Gedichte*. Französisch und Deutsch, übers. und kommentiert von Gerhard Goebel, Heidelberg 1993, S. 219–242, 414–423, allerdings ohne den Entwurf, in dem sich der Satz findet.]

4 [Im Original lautet die Stelle: »que rien est ce qu'il y a«.]

Donald Wood Winnicott

Die Angst vor dem Zusammenbruch

Vorbemerkung

In letzter Zeit haben mich meine klinischen Erfahrungen zu einem, wie ich glaube, neuen Verständnis der Bedeutung der Angst vor dem Zusammenbruch geführt.

Es ist meine Absicht, dieses Verständnis, das für mich und vielleicht auch für andere, die sich mit Psychotherapie beschäftigen, neu ist, so einfach wie möglich darzustellen. Falls an dem, was ich zu sagen habe, etwas Wahres ist, ist es natürlich längst in der Weltliteratur zum Gegenstand geworden, aber die Einsichtsblitze, die in der Dichtung aufscheinen, können uns nicht von der schmerzhaften Verpflichtung freisprechen, Schritt für Schritt, fort von der Unwissenheit, hin zu unserem Ziel zu gelangen. Ich bin der Meinung, dass die Erforschung dieses begrenzten Gebietes dazu führt, verschiedene Probleme, die uns immer wieder zu schaffen machen, wenn wir in unserer klinischen Arbeit nicht so erfolgreich sind, wie wir es uns wünschen, erneut zur Sprache zu bringen. Zum Schluss werde ich darstellen, welche Erweiterungen dieser Theorie ich zur Diskussion stelle.

Individuelle Variationen

Die Angst vor dem Zusammenbruch ist ein bedeutsames Merkmal bei einigen unserer Patienten, bei anderen nicht. Falls diese Beobachtung zutreffend ist, könnte man schlussfolgern, dass die Angst vor dem Zusammenbruch mit der vergangenen Erfahrung des Individuums und den schicksalhaften Wechselfällen der Umwelt in Verbindung steht. Gleichzeitig muss man einen gemeinsamen Nenner dieser Angst annehmen, was auf Phänomene hinweist, die auf universelle Weise vorhanden sind; diese ermöglichen es, dass wir alle durch Einfühlung wissen, wie es sich anfühlt, wenn einige unserer Patienten in starkem Maße eine solche Angst aufweisen. (Ähnliches ließe sich über jede Einzelheit sagen, die zur Verrücktheit einer verrückten Person gehört. Wir alle haben ein Wissen von dieser besonderen Einzelheit, aber uns quält sie nicht.)

Auftreten des Symptoms

Nicht alle unserer Patienten, die diese Angst haben, klagen zu Beginn der Behandlung über sie. Manche tun es; bei anderen sind Abwehrvorgänge so gut organisiert, dass erst nachdem die Behandlung erhebliche Fortschritte gemacht hat, die Angst vor dem Zusammenbruch als ein bestimmender Faktor in den Vordergrund tritt.

So kann ein Patient zum Beispiel verschiedene Phobien haben und über eine komplexe Anordnung verfügen, um mit diesen Phobien umzugehen, sodass sich die Abhängigkeit in der Übertragung nicht schnell entwickelt. Schließlich wird die Abhängigkeit aber ein Hauptfaktor, und dann werden die Fehler und Irrtümer des Analytikers direkte Ursache für Phobien, die an verschiedenen Orten auftreten, und sie werden somit Ursache für den Ausbruch einer Angst vor dem Zusammenbruch.

Die Bedeutung von »Zusammenbruch«

Ich habe den Ausdruck »Zusammenbruch« mit Absicht benutzt, weil er ziemlich unbestimmt ist und unterschiedliche Dinge bedeuten kann. Im Großen und Ganzen können wir das Wort in diesem Zusammenhang so verstehen, dass es das Versagen einer Abwehrorganisation bezeichnet. Aber sofort fragen wir: Abwehr wogegen? Und das führt uns zur tieferen Bedeutung des Begriffes, weil wir das Wort »Zusammenbruch« verwenden müssen, um die undenkbaren Zustände zu beschreiben, die der Abwehrorganisation unterliegen.

Während es in Bezug auf Psychoneurosen nützlich ist anzunehmen, dass hinter der Abwehr Kastrationsängste liegen, wird in den eher psychotischen Phänomenen, die wir untersuchen, auf den Zusammenbruch der Einrichtung, die die Einheit des Selbst ist, verwiesen. Das Ich organisiert Abwehrvorgänge gegen den Zusammenbruch der Ich-Organisation, und es ist die Ich-Organisation, die bedroht ist. Aber das Ich vermag insofern nichts gegen ein Umwelt-Versagen auszurichten, als Abhängigkeit eine Tatsache des Lebens ist.

Mit anderen Worten, wir untersuchen eine Umkehrung des Reifungsprozesses eines Individuums. Deshalb ist es notwendig, dass ich die frühen Stadien des emotionalen Wachstums kurz noch einmal zur Sprache bringe.

Emotionales Wachstum, frühe Stadien

In jedem Individuum ist ein Reifungsprozess erblich angelegt. Die Entwicklung des Individuums wird davon getragen, insofern – aber nur insofern – eine Umwelt existiert, die diese Entwicklung befördert. Letztere ist ein komplexes Phänomen und beansprucht, für sich selbst untersucht zu werden; ihr wichtigster Aspekt liegt darin, dass auch sie eine Art Wachstum durchmacht und dadurch an die sich ändernden Bedürfnisse des heranwachsenden Individuums angepasst ist.

Das Individuum entwickelt sich von absoluter Abhängigkeit zu relativer Abhängigkeit und hin in Richtung Unabhängigkeit. Im Falle der Gesundheit überholt diese Entwicklung nicht diejenige der Komplexität in den mentalen Mechanismen, was wiederum mit der neurophysiologischen Entwicklung verbunden ist.

Die fördernde Umwelt kann man als *haltend* beschreiben, sie entwickelt sich zu einer *dienlich handelnden* und wird schließlich zu einer *Gegenstand bietenden*.

In einer solchermaßen fördernden Umwelt durchläuft das Individuum eine Entwicklung, die man als *integrierend* klassifizieren kann, dem *dauerhaft innewohnend* (oder psychosomatisches *Verschworensein*) und dann *gegenstandsbezogen* hinzugefügt werden kann.

Dies ist eine grobe Vereinfachung, aber sie muss in diesem Zusammenhang genügen.

Man kann beobachten, dass in einer solchen Beschreibung die vorwärts gerichtete Bewegung der Entwicklung in schizophrener Erkrankung eng korreliert mit der Bedrohung durch eine Bewegung, die rückwärts gewandt ist (sowie den Abwehrvorgängen gegen diese Bedrohung).

Absolute Abhängigkeit

Man muss sich bewusst sein, dass in der Zeit absoluter Abhängigkeit, während derer die Mutter eine helfende Ego-Funktion hinzufügt, das Infans das ›Nicht-Meinige‹ vom ›Meinigen‹ noch nicht ausgesondert hat – was nicht außerhalb der Einrichtung des ›Meinigen‹ geschehen kann.

Uragonien

Es ist möglich, ausgehend von diesem Aufriss, eine Liste von Uragonien (Angst ist hier kein Wort, das stark genug wäre) zu erstellen: Hier nun einige davon:
 1. Rückkehr zu einem unintegrierten Zustand. (Abwehr: Desintegration).
 2. Ewiges Fallen. (Abwehr: Sich-selbst-Halten.)
 3. Verlust des psychosomatischen Verschworenseins, Verlust des Einwohnens. (Abwehr: Depersonalisierung.)
 4. Verlust des Sinns des Wirklichen. (Abwehr: Ausbeutung des primären Narzissmus usw.)
 5. Verlust der Fähigkeit, sich auf Gegenstände zu beziehen. (Abwehr: autistische Zustände, die nur auf Phänomene des Selbst bezogen sind.)
Usw.

Psychotische Erkrankung als Abwehr

Es ist meine Absicht zu zeigen, dass das, was wir klinisch beobachten können, immer die Organisation einer Abwehr ist, selbst der Autismus der kindlichen Schizophrenie. Die Agonie, die dem unterliegt, ist undenkbar.

Es ist falsch, die psychotische Erkrankung als einen Zusammenbruch zu denken. Sie ist eine Abwehrorganisation, die sich auf eine Uragonie bezieht, und sie ist in der Regel erfolgreich (außer in dem Falle, dass die fördernde Umwelt nicht nur unzulänglich, sondern auch peinigend war, vielleicht das Schlimmste, was dem menschlichen Kind passieren kann).

Die Formulierung des Hauptthemas

Ich kann nun meine wichtigste Behauptung formulieren, und sie stellt sich als sehr einfach dar. Ich verfechte die Auffassung, dass die klinisch erscheinende Angst vor dem Zusammenbruch die Angst vor einem Zusammenbruch ist, der bereits erfahren wurde. Diese Angst ist die Angst vor der ursprünglichen Agonie, die der Grund für eine Abwehrorganisation war, welche der Patient als Krankheitssymptom aufweist.

Diese Vorstellung mag sich für den Kliniker als unmittelbar nützlich erweisen, oder auch nicht. Wir können unsere Patienten nicht drängen. Nichtsdestotrotz können wir ihren Fortschritt durch echtes Nichtwissen behindern; jedes noch so kleine Verstehen kann uns helfen, mit den Bedürfnissen eines Patienten Schritt zu halten.

Es gibt meiner Erfahrung nach Augenblicke, in denen ein Patient der Mitteilung bedarf, dass der Zusammenbruch, der mit einer Angst, die sein oder ihr Leben bedroht, befürchtet wird, *bereits gewesen ist*. Es ist eine Tatsache, die im Unbewussten verborgen herumgetragen wird. Dieses Unbewusste ist nicht genau identisch mit dem verdrängten Unbewussten der Psychoneurosen, und es ist auch nicht das Unbewusste, mit dem Freud den Teil der Psyche zu Wort kommen lässt, der sehr eng mit den neurophysiologischen Funktionen verbunden ist. Es ist auch nicht das Jungsche Unbewusste, das ich so benennen würde: All die Dinge, die in unterirdischen Höhlen vor sich gehen, oder (in anderen Worten) die Mythologien der Welt, in denen sich die individuelle und die mütterliche innere Wirklichkeit miteinander verschworen haben. In diesem besonderen Zusammenhang meint Unbewusstes, dass die Ich-Integration etwas nicht zu umfassen vermag. Das Ich ist zu unreif, um alle Phänomene im Bereich der persönlichen Allmacht zu bündeln.

Man muss hier fragen: Warum ist der Patient gegenwärtig so beunruhigt über dieses, wo es doch der Vergangenheit angehört? Die Antwort muss lauten, dass die ursprüngliche Erfahrung der Uragonie erst dann die Vergangenheitsform annehmen kann, wenn das Ich sie zunächst in der Erfahrung der zeitlichen Gegenwart und in diesem Moment in die allmächtige Kontrolle bündeln kann (während es die zusätzliche ich-stützende Funktion der Mutter (des Analytikers) annimmt).

Mit anderen Worten, der Patient muss weiter nach diesem Detail der Vergangenheit suchen, das noch nicht erfahren wurde. Diese Suche nimmt die Form an, dass er in der Zukunft nach diesem Detail Ausschau hält.

Außer, wenn der Therapeut erfolgreich von der Grundlage ausgehend arbeitet, dass dieses Detail bereits eine Tatsache ist, muss der Patient weiterhin fürchten, das zu finden, wonach zwanghaft in der Zukunft Ausschau gehalten wird.

Wenn andererseits der Patient bereit dafür ist, auf eine gewisse Weise diese seltsame Art von Wahrheit zu akzeptieren, dass das, was nicht erfahren wurde, nichtsdestoweniger in der Vergangenheit stattgefunden hat, dann ist der Weg frei dafür, dass die Agonie in der Übertragung erfahren wird, und zwar als Reaktion auf die Irrtümer und Fehler des Analytikers.

Mit letzteren kann der Patient umgehen, wenn sie nicht überhand nehmen, denn er kann jeden technischen Fehler des Analytikers der Gegenübertragung zuschreiben. Mit anderen Worten, der Patient führt allmählich das ursprüngliche Versagen der fördernden Umwelt im Bereich seiner oder ihrer Allmacht zusammen, sowie in der Erfahrung der Allmacht, welche dem Zustand der Abhängigkeit angehört (die Übertragungs-Tatsache).

Dies alles ist sehr schwierig, zeitaufwendig und schmerzhaft, aber jedenfalls nicht vergeblich. Vergeblich wäre die Alternative, und diese wollen wir jetzt untersuchen.

Vergeblichkeit in der Analyse

Ich muss hier voraussetzen, dass die Analyse von Psychoneurosen bekannt und akzeptiert ist. Auf der Grundlage dieser Annahme kann man sagen, dass in den hier besprochenen Fällen die Analyse einen guten Anfang nimmt, die Analyse wie am Schnürchen läuft; was jedoch passiert, ist, dass der Analytiker und der Patient es sich gut gehen lassen, da sie sich in einer psychoneurotischen Analyse miteinander verschwören, während es sich tatsächlich um eine psychotische Erkrankung handelt.

Immer wieder wird das analytische Paar zufrieden mit dem sein, was es gemeinsam getan hat. Es war stichhaltig, es war gescheit, es war gemütlich – aufgrund des miteinander Verschworenseins. Aber jeder so genannte Fortschritt endet in Zerstörung. Der Patient unterbricht ihn und fragt: Na und? In Wirklichkeit war der Fortschritt kein Fortschritt; es war nur ein weiteres Beispiel dafür, dass der Analytiker das Spiel des Patienten spielte, bei welchem es darum geht, das Hauptproblem aufzuschieben. Und wer könnte es dem Patienten oder dem Analytiker vorwerfen (es sei denn, es gibt einen Analytiker, der den psychotischen Fisch an einer sehr langen psychoneurotischen Angelschnur spielt und darauf hofft, durch eine List des Schicksals, wie den Tod eines der beiden Partner oder das Scheitern der Finanzierung, den Fang am Ende zu vermeiden).

Wir müssen annehmen, dass sowohl der Patient als auch der Analytiker beide die Analyse wirklich beenden wollen, aber leider gibt es kein Ende, bevor die Talsohle erreicht ist, bevor die *gefürchtete Sache erfahren wurde*. Tatsächlich liegt für den Patienten ein Ausweg im Zusammenbruch (körperlich oder psychisch), und das kann überaus gut funktionieren. Jedoch ist die Lösung nicht gut genug, wenn sie das analytische Verstehen und die Einsicht auf Seiten des Patienten nicht einschließt, und in der Tat sind viele der Patienten, von denen ich hier spreche, Menschen, die wertvolle Arbeit tun, sie können es sich nicht leisten zusammenzubrechen, sich in die Psychiatrie einliefern zu lassen.

Es ist die Absicht dieser Abhandlung, die Aufmerksamkeit auf die Möglichkeit zu lenken, dass der Zusammenbruch bereits, und zwar unweit des Beginns des individuellen Lebens, stattgefunden hat. Der Patient muss dies »erinnern«, aber es ist unmöglich, etwas zu erinnern, das noch nicht geschehen ist, und diese Sache der Vergangenheit ist noch nicht geschehen, weil der Patient noch nicht da war, sodass es ihm hätte geschehen können. In diesem Fall liegt der einzige Weg für den Patienten zu »erinnern« darin, das Vergangene erstmals in der Gegenwart, d.h. in der Übertragung, zu erfahren. Diese Sache der Vergangenheit und der Zukunft wird so zu einer Angelegenheit des Hier und Jetzt, und sie wird vom Patienten zum ersten Mal erfahren. Das ist ein Äquivalent der Erinnerung und das Resultat ein Äquivalent der Aufhebung der Verdrängung, wie es in der Analyse psychoneurotischer Patienten (also in der klassischen Freudschen Analyse) auftritt.

Weitere Anwendungen dieser Theorie

Angst vor dem Tod
Es bedarf nur geringer Änderungen, um die allgemeine These von der Angst vor dem Zusammenbruch auf die spezielle Angst vor dem Tod zu übertragen. Letztere ist vielleicht eine gewöhnlichere Form der Angst, eine Angst, die in die religiösen Vorstellungen über ein Leben nach dem Tode aufgehoben ist, so als ob es darum ginge, die Tatsache des Todes zu leugnen.

Ist die Angst vor dem Tod ein bedeutendes Symptom, dann versagt das Versprechen eines Lebens nach dem Tode darin, Erleichterung zu verschaffen, und der Grund dafür ist, dass der Patient den Zwang hat, nach dem Tode zu suchen. Es ist auch hier der Tod, der geschehen ist und nicht erfahren wurde, welcher gesucht wird.

Wenn Keats »halb verliebt in den friedlichen Tod«[1] sein konnte, sehnte er sich, wenn ich der Idee folge, die ich hier vorbringe, nach dem Seelenfrieden, der sich einstellen würde, wenn er sein Gestorbensein »erinnern« könnte; aber um zu erinnern, muss er den Tod jetzt erleben.

Die meisten meiner Ideen wurden durch Patienten angeregt, denen ich dafür Dank schulde. Einem meiner Patienten verdanke ich den Ausdruck »phänomenaler Tod«. Das in der Vergangenheit Geschehene war der Tod als ein Phänomen, aber nicht als eine Tatsache, wie wir sie beobachten. Viele Frauen und Männer verbringen ihr Leben mit der Frage, ob der Selbstmord eine Lösung wäre, was bedeutet, den Körper in den Tod zu schicken, der die Psyche bereits ereilt hat. Selbstmord ist jedoch keine Antwort, sondern eine Geste der Verzweiflung. Ich verstehe jetzt zum ersten Mal, was meine schizophrene Patientin (die sich tatsächlich umbrachte) meinte, als sie sagte: »Alles, was ich von Ihnen will, ist, dass Sie mir helfen, aus dem richtigen Grund Selbstmord zu begehen anstatt aus dem falschen.« Es ist mir nicht gelungen, und sie brachte sich in dem *verzweifelten Bemühen* um, eine Lösung zu finden. Ihr Ziel war es (so wie ich es jetzt sehe), von mir bestätigt zu bekommen, dass sie in ihrer frühen Kindheit gestorben war. Auf dieser Grundlage, glaube ich, hätten wir beide, sie und ich, sie in die Lage versetzen können, den körperlichen Tod solange hinauszuzögern, bis das Alter seinen Tribut gefordert hätte.

Betrachtet man den Tod auf diese Weise, als etwas, was dem Patienten widerfahren ist, ohne dass er reif genug gewesen wäre, ihn zu erfahren, so hat er Vernichtung als Bedeutung. In diesem Sinne entwickelt sich ein Muster, in dem die Kontinuität des Seins durch die infantilen Reaktionen auf Übergriffe von außen unterbrochen wurde; diese Übergriffe waren Umweltfaktoren, die aufgrund des Versagens der fördernden Umwelt eindringen konnten. (Im Falle dieser Patientin begannen die Schwierigkeiten sehr früh, da noch vor der Geburt durch panikartige Ängste der Mutter eine frühreife Aufmerksamkeit geweckt wurde; zudem wurde die Geburt durch eine nicht diagnostizierte *Plazenta praevia* verkompliziert.)

Leere
Meine Patienten haben mich ebenfalls gelehrt, dass man auch den Begriff der Leere durch dieselbe Brille betrachten kann.

Für manche Patienten ist es notwendig, dass sie Leere erleben, eine Leere, die zur Vergangenheit gehört, also zu einer Zeit, in der ein Reifegrad noch nicht erreicht war, der die Erfahrung von Leere ermöglichte. Um das verstehen zu können, ist es nicht notwendig, an ein Trauma zu denken, vielmehr daran, dass zu einem Zeitpunkt, an dem es dringend erforderlich gewesen wäre, einfach nichts geschah.

Es ist leichter für einen Patienten, ein Trauma zu erinnern, als zu erinnern, dass nichts geschah, wenn etwas hätte geschehen können. Zu jener Zeit wusste der Patient nicht, was vielleicht hätte geschehen können, und konnte so nichts erfahren, außer zu vermerken, dass etwas hätte sein können.

Beispiel
Eine Phase aus der Behandlung einer Patientin kann das illustrieren. Diese junge Frau lag auf der Couch, ohne dass es etwas nutzte, und alles, was sie tun konnte, war zu sagen: »Nichts passiert in dieser Analyse!«

In dem Stadium, das ich beschreibe, hatte die Patientin indirektes Material geliefert, aus dem ich entnehmen konnte, dass sie wahrscheinlich etwas fühlte. Ich konnte ihr sagen, dass sie Gefühle gefühlt hatte, und dass sie diese als allmählich verblassend erfahren hatte, gemäß dem Muster, das ihr eigen war, einem Muster, das sie verzweifeln ließ. Diese Gefühle waren sexuelle und weibliche. Sie traten klinisch nicht in Erscheinung.

Jetzt in der Übertragung wurde ich selbst (beinahe) der Grund dafür, dass ihre weibliche Sexualität versandete; wenn das aber genau festgehalten werden konnte, dann hatten wir in der Gegenwart ein Beispiel für das, was ihr in der Vergangenheit unzählige Male widerfahren war. In ihrem Fall (um es zum Zwecke der Darstellung zu vereinfachen) handelte es sich um einen Vater, der in der ersten Zeit fast nie anwesend war, und der dann, als sie ein kleines Mädchen war und er nach Hause kam, vom weiblichen Selbst seiner Tochter nichts wissen wollte und ihr nichts zu geben in der Lage war, was mit einem männlichen Reiz zu tun hatte.

Nun ist Leere eine Vorbedingung für das Bestreben, etwas in sich zu bündeln. Primäre Leere bedeutet einfach: Bevor es sich füllt. Es ist eine beträchtliche Reife vonnöten, damit dieses Stadium Sinn machen kann.

Leere, die in der Behandlung auftritt, ist ein Zustand, den der Patient zu erfahren versucht, ein Zustand der Vergangenheit, der nicht erinnert werden kann, außer dadurch, dass er jetzt zum ersten Mal erfahren wird.

Die Schwierigkeit in der Praxis besteht darin, dass der Patient das verheerende Gefühl der Leere fürchtet und als Abwehr eine kontrollierte Leere einrichtet, indem er nicht isst oder nicht lernt, oder auch erbarmungslos mit einer Gier erfüllt wird, welche zwanghaft ist und sich verrückt anfühlt. Falls der Patient die Leere selbst erreichen und diesen Zustand, gestützt auf die Abhängigkeit vom zusätzlichen Hilfs-Ich des Analytikers, aushalten kann, dann kann auch das In-sich-Aufnehmen zu einem lustvollen Vorgang werden; hier kann ein Essen einsetzen, das keine von der Persönlichkeit getrennte (oder abgespaltene) Funktion ist; und auf diese Weise können auch einige unserer Patienten, die nicht zu lernen vermögen, beginnen, lustvoll zu lernen.

Die Grundlage allen Lernens (wie auch des Essens) ist Leere. Wurde die Leere aber zu Beginn nicht als solche erfahren, taucht sie als ein Zustand auf, der zwar gefürchtet, nach dem aber auch zwanghaft gesucht wird.

Nichtexistenz
Die Suche nach persönlicher Nichtexistenz kann auf dieselbe Weise untersucht werden. Man wird feststellen, dass Nichtexistenz Teil einer Abwehr ist. Die persönliche Existenz wird durch die Elemente

der Projektion repräsentiert, und die Person versucht, alles, was persönlich sein könnte, zu projizieren. Dies kann eine vergleichsweise hoch differenzierte Abwehr sein, und ihr Ziel ist es, Verantwortung (in der depressiven Position) oder Verfolgung zu vermeiden (in dem, was ich das Stadium der Selbst-Behauptung nennen würde, d. h. das Stadium des *Ich bin*, mit seiner innewohnenden Implikation *Ich weise alles von mir, was nicht Meiniges ist*). Hierfür ist das Kinderspiel »*I'm the King of the Castle – You're the Dirty Rascal*« eine gute Illustration.

In den Religionen kann diese Idee in der Vorstellung der Einheit mit Gott oder dem Universum auftauchen. Man kann eine Negation dieser Abwehr in existentialistischen Schriften und Lehren erkennen, in denen das Existieren zu einem Kult wird, in dem Versuch, der persönlichen Tendenz zur Nicht-Existenz, welche Teil einer organisierten Abwehr ist, entgegenzuwirken.

In all dem kann es ein positives Element geben, d. h. ein Element, das keine Abwehr ist. Es kann gesagt werden, dass *aus der Nichtexistenz allein die Existenz ihren Anfang nehmen kann*. Es ist überraschend, wie früh (sogar noch vor der Geburt, sicher aber während des Geburtsvorgangs), das Bewusstsein eines frühreifen Ich mobilisiert werden kann. Aber ein Individuum kann sich nicht aus einer Ich-Wurzel entwickeln, wenn jene völlig von der psychosomatischen Erfahrung und vom primären Narzissmus geschieden ist. Genau an diesem Punkt nimmt die Intellektualisierung der Ich-Funktionen ihren Anfang. Hier wäre anzumerken, dass all dies zu einem Zeitpunkt stattfindet, der lange vor demjenigen liegt, an dem sich etwas einrichtet, was man auf brauchbare Weise das Selbst nennen könnte.

Zusammenfassung

Ich habe versucht zu zeigen, dass die Angst vor dem Zusammenbruch die Angst vor einem Ereignis der Vergangenheit ist, das bis jetzt noch nicht erfahren wurde. Das Bedürfnis, es zu erfahren, ist, in Begriffen der Analyse von Psychoneurosen, dem Bedürfnis zu erinnern äquivalent.

Diese Idee lässt sich auch auf verwandte Ängste anwenden; ich habe die Angst vor dem Tod und die Suche nach Leere erwähnt.

[»The Fear of breakdown«, in: *International Review of Psycho-Analysis*, Nr. 1 (1974), S. 103ff; sodann in: Winnicott, *Psychoanalytic Explorations*, hrsg. von C. Winnicott, R. Sheperd und M. Davis, London, Karnac, 1989, S. 87–96; erste französische Übersetzung von Jeannine Kalmanovitch als »La crainte de l'effondrement«, in: *Nouvelle Revue de Psychanalyse*, Nr. 11 (Frühjahr 1975; »Figures du vide«), S. 35–45; erste deutsche Übersetzung von Peter Wegner und Ruth Jaschke in: *Psyche*, Jahrgang 44, Heft 12 (Dezember 1991), S. 1116–1126. Mit der freundlichen Genehmigung der Übersetzer ist ihre Übertragung mit einigen Änderungen hier übernommen. – »The Fear of Breakdown« ist ein posthumer Text, dessen Entstehungsdatum ungewiss ist. Die Herausgeber der *Psychoanalytic Explorations* erklären, dass einiges für eine Entstehung im Jahre 1963 spricht, im Zusammenhang mit einem Vortrag an der Davidson Clinic in Edinburgh. Verwandte Themen werden u.a. in: *The Maturational Processes and the Facilitating Environment*, London 1965 / *Reifungsprozesse und fördernde Umwelt*, übers. von Gudrun Theusner-Stampa, München 1974 und in »The Psychology of Madness« in: *Psychoanalytic Explorations*, S. 119–129 behandelt. – Clare Winnicott erklärt zum posthumen Charakter des Textes anlässlich der Erstveröffentlichung allerdings Folgendes: »Diese spezielle Arbeit wurde zur posthumen Veröffentlichung gewählt, weil sie kurz vor Donald Winnicotts Tod geschrieben wurde und weil sie eine erste kondensierte Darstellung enthält, die auf seiner aktuellen klinischen Arbeit basierte. Die Formulierung dieser klinischen Erkenntnisse und ihre zentrale Idee stellen eine bedeutsame Erfahrung dar. Aus den Tiefen der klinischen Verstrickungen gelangte etwas an die Oberfläche des bewussten Verstehens und löste die Neuorientierung eines ganzen Bereichs klinischer Praxis aus. Es war die Absicht, bestimmte Themen dieser Arbeit weiter zu untersuchen und über sie ausführlicher zu schreiben, aber die Zeit hat dieser Arbeit nicht erlaubt, getan zu werden.« (Winnicott starb 1971.)]

1 [Vgl. John Keats, »Darkling I listen; and, for many a time / I have been half in love with easeful Death«, *Ode to a nightingale* VI, 1f., in: *The Poetical Works of John Keats*, hrsg. von H.W. Garrod, London 1956, S. 207ff. / dt. vgl. *Ode an eine Nachtigall*, in: *Werke und Briefe*, ausgewählt und übertragen von Mirko Bonné, Stuttgart 1995, S. 143.]

Serge Leclaire

Pierre-Marie oder Vom Kinde

Warum stand es auf dem riesigen Kamin? Es ist heruntergefallen auf den Steinfußboden, vor den Kamin. Glücklicherweise zerbrach nur das Kind der jungfräulichen Maria, einer wunderschönen romanischen Statue. Sie hielt das Kind aufrecht vor sich; es ist zerbrochen, der Kopf hängt noch an der linken Schulter, die Füße fehlen, der Leib zersplittert, Beine und Schenkel sind noch bis oberhalb des Geschlechts intakt. Kann man es wieder instandsetzen? Es ist nicht so schlimm: der Rumpf ist nicht zerbrochen, er ist ja fast ganz, dessen bin ich sicher. Aber es rührt sich nicht. Mama! Es ist ja mein Kind, das schon kalt vor dem wieder aufflammenden Feuer liegt. Unmöglich. Und doch will ich schreien, ich brülle beim Aufstehen; höre nichts und beeile mich, überzeugt, dass es von der Kommode gefallen ist, wohin ich es kurz gelegt habe, um sein Nachtgewand zu holen; wie – bin ich im Sessel eingenickt? Oder ist es im Schlaf heruntergefallen? Ich wünsche, jemand käme, um mich aus dieser Erinnerung herauszuholen. Habe ich geschrien, oder das Kind? Ich will schlafen, alles vergessen; nein, ich will aufwachen, endlich wach werden. Ich sehe nur das Feuer, nur es ist sicher: Sollte ich gestorben sein? Ja, ich bin es, die tot ist... Wäre ich doch nie geboren!

Die Distanz zwischen dem glorreichen Kind und der schmerzerfüllten Pieta ist verschwunden, ebenso wie der Unterschied zwischen der Heilsgeschichte und dem, was ich nicht aufhören kann, nicht zu leben.

»Vater, siehst du denn nicht, dass ich verbrenne?« träumt der Mann, der für wenige Stunden die Totenwache am Bett seines Kindes verlassen hat. »Siehst, Vater, du den Erlkönig nicht?« sagt das hellwache Kind zu seinem Vater, der es in wildem Ritt davonträgt. »Mein Vater, mein Vater, und hörest du nicht, was Erlenkönig mir leise verspricht?« »Sei ruhig, bleibe ruhig, mein Kind! In dürren Blättern säuselt der Wind.«[1]

Siehst du nicht, hörst du nicht? Nein, das ist unmöglich. Der Tod des Kindes ist unerträglich: Er realisiert den geheimsten und tiefsten unserer Wünsche. Man nimmt ohne übergroßes Leid den Tod seines Nächsten hin, man akzeptiert, mit oder ohne Widerstreit, ihn zu töten oder zu fressen. Der Schrecken des Vatermordes scheint vertrauter zu sein: Aus der Schreckenstragödie ist Ödipus zum Komplex geworden. Zumindest die Vorstellung, die Mutter in Stücke zu reißen und den Vater zu töten, gilt als legitim (Sie haben, so sagt der nette Doktor, Ihren Vater noch nicht getötet!). Aber ein Kind töten, das nicht: Darin sieht man das heilige Grauen; es ist unmöglich. Gott selbst hält Abrahams Hand zurück: Das Opfer wird vollzogen, aber für Isaak wird ein Lamm genommen. Das königliche Kind, der »Sohn Gottes« muss zuerst vor dem Bethlehemitischen Kindermord verschont werden, bevor im Mannesalter das Geheimnis des Todes und der Auferstehung eintreten kann. Den biblischen Texten, in denen wir uns befanden, sind wir noch nicht entkommen.

Der Sessel des Analytikers ist der Prüfstand der Wahrheit. Jeder Ausweg entfällt: Es ist unumgänglich, dass der Psychoanalytiker unaufhörlich den Kindsmord begeht und dabei auch erkennt, dass er ihn nicht ausführen kann und mit der Allmacht des Infans zu rechnen hat. Die psychoanalytische Praxis beruht auf der Hervorhebung der konstanten *Wirkung einer Todeskraft: diejenige, die im Töten eines wunderbaren (oder schrecklichen) Kindes besteht, das, von Generation zu Generation, von den Träumen und Wünschen der Eltern zeugt; Leben gibt es nur zum Preis des Mordes am primären, fremden Bild, in das sich die Geburt jedes Menschen einschreibt*. Ein Mord, der nicht realisierbar und dennoch notwendig ist, denn Leben, Lebensbegehren, schöpferisches Leben sind nicht möglich, wenn man davon ablässt, das »wunderbare Kind«, das immer wieder neu geboren wird, zu töten.

Dieses »wunderbare Kind«, das ist zunächst die Nostalgie des mütterlichen Blicks, der aus ihm einen Ausbund an Herrlichkeit gemacht hat, gleich dem thronenden Jesuskind in Glanz und Glorie, das absolute Macht ausstrahlt. Es ist aber auch gleich das verlassene, völlig hilflose Kind, das allein dem Schrecklichen und dem Tod gegenübersteht. In das besondere Dasein des Kindes aus Fleisch und Blut drängt sich, sein Schreien und Lachen übertönend, das strahlende Bild des königlichen Kindes und, als sein Gegenstück, der Schmerz der Pieta.

Aus seinem Gesicht strahlt, souverän und überzeugend, das majestätische Gesicht unserer Wünsche, unserer Erinnerungen, unserer Hoffnungen und Träume. Gleichermaßen zerbrechlich wie starr, *repräsentiert* es, im geheimen Spiel des Schicksals, die erste (oder dritte) Person, von der aus es spricht. Das wunderbare Kind ist eine unbewusste primäre Repräsentation, in der dichter als in jeder anderen die Wünsche, Sehnsüchte und Hoffnungen jedes Menschen verknüpft sind. In der durchscheinenden Realität des Kindes macht sie – ziemlich unverhüllt – das Reale all unserer Wünsche sichtbar. Sie fasziniert uns und wir können von ihr weder ablassen, noch können wir sie erfassen.

Von ihr abzulassen würde bedeuten zu sterben, keinen Lebenssinn mehr zu haben; aber wenn man so tut, als halte man an ihr fest, bedeutet das, sich dazu zu verurteilen, gar nicht zu leben. Es gibt für jeden Menschen, zu jeder Zeit, ein Kind, das er zu töten hat, jeder muss immer wieder um eine Vorstellung von Fülle, von ewigem Genießen trauern, und es gilt ein Licht zu verdunkeln, damit diese Repräsentation vor einem schwarzen Hintergrund aufleuchten und wieder erlöschen kann. Wer nicht immer wieder trauert um das wunderbare Kind, das er einmal war, verbleibt in einer verschwommenen, unreifen Erwartungshaltung ohne Schatten und ohne Hoffnung. Wer aber meint, ein für allemal mit der Figur des Tyrannen abgerechnet zu haben, gibt die Wurzeln seines Wesens auf und tut so, als sei er frei und unabhängig gegenüber der Herrschaft des Genießens.

Letzteres ist eine weit verbreitete Lebensweise, die ihre Anhänger dazu verleitet, sich vom modischen Hedonismus einlullen zu lassen, oder auch, sich wie in einem plötzlichen Erwachen eine Welt auszudenken, in der die absolute Autorität, die heimlich durch das (verschlossen geglaubte) Fenster der Angst zurückkehren konnte, ihren Traum wahrmachen möchte, zum Wohle aller zu gebieten. Muss man also, um sich der Faszination des wunderbaren Kindes zu entziehen, wie Abraham der Opferung des eigenen Kindes zustimmen, wie Pharao oder Herodes alle Neugeborenen töten lassen, sein eigenes Kind Gott, dem Herrscher oder dem Vaterland opfern, sich selbst einer zukunftsträchtigen »Sache« verschreiben, oder soll man sich einfach einer Frau, einem Mann, den Kindern widmen?

Jede familiäre und noch mehr jede soziale »Ordnung« macht sich das unauffindbare, verlorene Bild vom Glück, vom Niedergang, von der Ehre und der Machtlosigkeit zu eigen, doch lenkt sie uns in Wirklichkeit dauernd davon ab. Denn keine »Ordnung« könnte uns vor unserem eigenen Tod bewahren: nicht vor dem, den sie durch militärische oder religiöse Zeremonien organisiert und verwaltet, sondern vor dem *ersten Tod*, den wir vom Augenblick unserer Geburt an durchqueren müssen, den wir kennen und von dem wir immerzu sprechen, da wir ihn tagtäglich erleben müssen, nämlich den Tod des wunderbaren oder schrecklichen Kindes, das wir in den Träumen jener waren, die uns gemacht haben, oder jener, die unsere Geburt miterlebt haben. So notwendig es auch ist, es genügt überhaupt nicht, die Eltern zu töten, denn wir müssen auch die tyrannische Repräsentation des Kindkönigs töten: »ich« (*je*) nimmt hier seinen Anfang, und es ist von nun an dem unausweichlichen zweiten Tod unterworfen, dem anderen, von dem es nichts zu sagen gibt.

Im allgemeinen Gebrauch wird der »erste Tod«, den wir ohne Unterlass vollziehen müssen, um zu leben, mit dem »zweiten Tod« verwechselt. Diese schwer auszutilgende Konfusion hat ihre guten Gründe: Abgesehen davon, dass sie uns davor bewahrt, das strengste Gesetz zu erkennen, nämlich im Sprechen und im Begehren immer wieder neu zu entstehen und ohne Unterlass das faszinierende Infans zu betrauern, vermittelt sie uns die Illusion, etwas gegen den Tod zu unternehmen, obwohl das immer scheitern muss. Die Folgen dieser Verwechslung entsprechen ihrer tiefen Verwurzelung: Verherrlichung des Scheiterns oder Unantastbarkeit des Lebens, Kult der Verzweiflung oder Verteidigung des Glaubens. Ein kurzes Beispiel: Die Logik des Suizids kommt aus einem perfekten Syllogismus: um zu leben, muss ich *mich* töten; ich fühle aber nicht wirklich, dass ich lebe (Das ist doch kein Leben!): also bringe ich mich um. Es würde schon genügen, *aber um den Preis welcher Mühen*, die Konfusion aufzuheben, auf die sich die erste Aussage stützt – um zu leben, muss ich die tyrannische Repräsentation des Infans in mir töten –, damit eine andere Logik in Erscheinung treten kann, die es unmöglich macht, diesen Mord ein für alle mal zu vollziehen und die es aber auch zur Notwendigkeit erhebt, ihn jedes Mal zu begehen, wenn man wahrhaft zu sprechen beginnt, wenn man zu lieben beginnt.

Der Preis, den man dafür zu bezahlen hat, ist zuweilen sehr hoch.

Ich berufe mich hier auf diejenigen, die mit mir die Leidenschaft für die Psychoanalyse teilen, deren Drama aus einer Arbeit hervorgeht, die nicht abgeschlossen ist. Wenn man im Sessel Platz nimmt, um Analysanten zuzuhören, bedeutet das, seine eigene Beziehung zur narzisstischen Repräsentation, die ich in der Gestalt des wunderbaren Kindes dargestellt habe, einzubringen; es heißt, den Verlust der seltsam vertrauten Repräsentation, aus der wir gemacht sind, das Infans in uns, in Kauf zu nehmen, sich niemals von ihr vereinnahmen zu lassen, und es bedeutet, die Konstanz der Todesenergie zu prüfen, die uns für den Diskurs des Begehrens offen hält. Weil ich es unterlassen hatte, den jedem Menschen aus seiner Erfahrung bekannten Unterschied zwischen den beiden Toden klar auszusprechen, und auch nicht deutlich formuliert hatte, dass unsere Arbeit als Psychoanalytiker immer darauf beruht, das wahre Objekt der Macht des Todes in der primären narzisstischen Repräsentation zu erkennen, ließ ich zu, dass sich die »unbewusste« Arbeit meiner Analysanten-Analytiker, die entschlossener waren, bis zum Ende zu gehen, als sie selbst wussten, in einer fatalen Misshandlung ihrer eigenen Kinder realisierte: Totgeburten, Frühgeburten, Missgeburten, Kinder, die früh von schweren und außergewöhnlichen Krankheiten befallen wurden, suizidähnliche Unfälle. Wenn auf diese Weise in der Realität der Tod eines Kindes oder seine Misshandlung auftaucht, dann zwingt sich in dramatischer Weise die Macht des Todes auf, um die es in der Analyse geht. Der Mord an der primären narzisstischen Repräsentation, der zu einer Analyse gehört, wird in der Realität ausgedrückt, weil die gewohnte Verwechslung zwischen der uns aufgezwungenen Arbeit des Todes und dem organischen Tod, der für den sprechenden und begehrenden Menschen nur im Zusammenhang mit dem ersten Tod denkbar ist, nicht aufgehoben wurde: Vernichtung oder Auferstehung. Ich fühle mich aber zu der Anmerkung verpflichtet, dass in anderen Fällen die der Psychoanalyse eigene Hinwendung zum notwendigen Mord an der primären narzisstischen Repräsentation einen entgegengesetzten Effekt hatte. Sei es, dass die psychoanalytische Leidenschaft des Analysanten-Analytikers weniger ausgeprägt war, sei es, dass er auf diese Weise dem schlechten Zuhörer Bescheid gab, der ich war: So steril er oder sie sich glaubten, sie machten Kinder.

Ich habe diese Extremfälle nur deswegen aufgeführt, weil sie unweigerlich dazu führen, die absolute Macht des »ursprünglichsten Phantasmas« zu bedenken: »Ein Kind wird getötet«. Dass es in der Psychoanalyse, meist verkleidet, zum Vorschein kommt, ist sicher die Regel; es ist jedoch bemerkenswert, dass man bis heute bei seinen Trabanten aus der ödipalen Konstellation stehen geblieben ist, den

Phantasien vom Vatermord, vom Besitz oder von der Zerstückelung der Mutter, was auf Kosten des Mordversuchs am Kind Ödipus geht, dessen Misslingen erst für das tragische Schicksal des Helden sorgte und seinen Verlauf bestimmte.

Während das Phantasma »ein Kind wird geschlagen«, das harmlos erscheint, auch wenn es nur zögerlich ausgesprochen wird, oft im Bewusstsein erscheint, tritt die Vorstellung »ein Kind wird getötet«, außer bei Gilles de Rais und seinen Nacheiferern,[2] nur im Verlauf einer psychoanalytischen Arbeit als Phantasma, d.h. als Begehrensstruktur, auf.

Ein Kindheitstraum eines Analysanten, nennen wir ihn Renaud, der auch häufig in Wachträumen vorkommt, widersteht der analytischen Arbeit, weil er zu einfach scheint. Es geht um eine sehr kurze Szene: In einem kleinen Salon wird sein Vater von einem Eindringling angegriffen, der ohne Vorwarnung den Revolver in seinen Bauch abfeuert. Der Vater wird getroffen, obwohl er dem Schuss ausweichen wollte, indem er mit auseinander gespreizten Beinen hochsprang, bevor er vornüber auf den Boden fällt. Ganz klar: Die Ermordung des Vaters durch einen Stellvertreter des Träumers, den Eindringling. Das Ungenügen dieser Deutung liegt nicht in ihrer psychoanalytisch gesehen evangelischen Einfachheit, sondern einerseits in der Tatsache der Wiederholung des Traums und andererseits darin, dass das Symptom aufrecht bleibt, das Anlass zur Traumerinnerung war, nämlich eine schmerzhafte Empfindlichkeit der linken *Fossa iliaca*: Ein Schmerz, der beschrieben wird als innere Quetschung, und der beim geringsten Anlass auftritt. Die Traumanalyse muss also in allen Details fortgesetzt werden. Und zuallererst das Ausweichen durch den Sprung mit gespreizten Beinen: Diese Geste erinnert an eine Verfolgungsszene, in welcher der Vater einem kräftigen Bengel nachrannte, der den kleinen Renaud gepackt hatte und ihn verhauen wollte. Man weiß nicht, ob der Angreifer wirklich bei einer spektakulären Verfolgung erwischt wurde, aber der Eindruck, dass jemand (das träumende Kind? ein Mann?) versucht seine Flucht zu vereiteln, indem er Arme und Beine auseinanderreißt, bleibt eingeprägt. Die Rauferei, die diese Verfolgungsjagd hervorgerufen hat, drängt Renaud zu einer weiteren Erzählung, die der Erinnerung substituiert ist, der Bericht von einem gewaltsamen Streit mit seinem älteren Bruder. Er ist nicht sicher über den Ausgang des Zusammenstoßes: War es nicht so, dass der jüngere, Renaud, ihn durch einen kräftigen

Schlag mit dem Hammer auf den Kopf seines lieben Bruders für sich entschied? Vielleicht war es auch umgekehrt. Zwei Konstanten sind in diesen Zweifeln über die Rolle der Agierenden vorhanden: ein solider Bruderhass und das tief verwurzelte Gefühl, er verfüge über ein geheimes Hilfsmittel, das ihn auf jeden Fall zum Stärkeren macht. Es wäre langweilig, alle Assoziationen aufzuzählen, die mit dem Ausdruck »in den Bauch« verbunden sind; aber sie führen, man ahnt es, zu einer Reihe von kindlichen Fragen, die bereits durch die Analyse thematisiert wurden – Nabelzeugung, orale und anale Befruchtung – und sie führen zu einer tiefen Feindseligkeit gegenüber der Mutter, die sich um eine sehr geläufige anale Verfolgung herum kristallisiert. »Im Bauch«, das ist auch dort, wo die Mutter zweimal operiert wurde: Die Erinnerung an den zweiten Eingriff ist völlig detailliert, ein Darmverschluss, der erste ist hingegen rätselhaft geblieben, wahrscheinlich ein gynäkologischer Eingriff zur Sterilisation, auch konnte die Vermutung, es sei eine Fehlgeburt gewesen, nie verneint oder bestätigt werden. In beiden Fällen war die Mutter sicher dem Tode nahe; die herzzerreißenden Gefühlsäußerungen während der Rekonvaleszenz zeugen jedes Mal von der »Ambivalenz« der Gefühle Renauds. Weit mehr als für den »Vatermord« hatten wir hier das vollständige, notwendige Material für eine Bewusstwerdung der Gefühle für die Mutter: große Liebe und Phantasma der Zerstückelung. Aber nachdem dies geklärt war, wiederholte sich die anfängliche Träumerei, sie war immer noch rätselhaft, und das Symptom blieb bestehen. Es war notwendig, auf das misshandelte Kind zurückzukommen, das so klar in der ersten Erinnerung auftauchte und von zwei anderen bestätigt wurde. In der einen wird Renaud im Winkel eines Platzes von einem Stärkeren angegriffen; in der zweiten fährt er einem seiner Freunde, der ihn über das Normale hinausgehend ärgerte, über den Mund. Ich könnte den Faden der Assoziationen weiter aufrollen: den Tod der Mutter eines engen Freundes, eine Nachbarin und geliebte Freundin, die ein Geburtstrauma erlitt.

Nach und nach zeigt sich die »archaische« Logik des Unbewussten: Ebenso wie die mächtige Mutter in ihr mit einem Penis versehen sein kann, kann der Vater als Beschützer mit einem Kind im Bauch auftreten. Es ist ein geheimes Phantasma, welches jedoch den Psychoanalytikern geläufig ist. Was im Bauch der Vaterfigur des Traumes getroffen, ja getötet wird, ist ein Kind, zweifellos Renaud selbst, der erkennt, dass er sich vor allem als Sohn seines Vaters fühlt. In der

Folge tritt sein eigenes Bild vom wunderbaren, vom Wunder-Kind
– wie bei so vielen Kindern – in den Vordergrund der unbewussten
Szene. Etwas ändert sich für ihn... Fortsetzung und Wiederaufnahme
folgt.

Man sieht an diesem Beispiel, dass die Elemente des Urphantasmas
»ein Kind wird getötet« nicht zu Beginn zur Sprache kommen. Die
vorläufige Befriedigung, die nach der Klärung eines Fragments des
Begehrens eintritt, bremst allzu oft unsere Arbeit und lässt das Wesentliche in der Analyse unerledigt.

Wir können an dieser Stelle ohne Vorgriff oder voreilige Schlüsse
festhalten, dass es die Wiederholung der Erinnerung (des Phantasmas oder des Traums) und die Beharrlichkeit des Symptoms erfordern, die psychoanalytische Arbeit fortzusetzen, um über das bereits
Gefundene hinaus zu gehen. Die Repräsentation eines misshandelten
Kindes, auch wenn sie verschleiert, verkleidet oder verschoben ist,
muss als ein Hinweis verstanden werden, den man nicht übergehen
darf: Auch ein ertrunkenes Kätzchen, einen überfahrenen kleinen
Hund sollte man nicht unter den »vermischten Meldungen« einordnen. Man muss vielmehr die Heftigkeit der Gefühlsregungen heraushören, die ihre Erwähnung – oder ihre Wiederholung – hervorruft,
auch wenn sie als Humor oder Ironie maskiert sind, damit sich die
absolute Macht des Todes, die jeden Menschen betrifft, entfalten
kann.

Auf diese Weise brachte uns in der Erzählung von Pierre-Marie
eine immer wieder auftauchende Erinnerung an das Ertränken eines
kleinen Hundes durch seinen Vater, wegen der sie begleitenden
starken Gefühle, auf den Zusammenhang mit dem Tod eines älteren
Bruders namens Pierre, der in seinem ersten Lebensjahr gestorben
war. Seit den vorbereitenden Gesprächen hatte er dieses wichtige
Ereignis aus seiner Vorgeschichte nicht mehr erwähnt. Pierre-Marie
scheint der Stellvertreter Pierres zu sein, und sein gesamtes Problem
besteht darin, die Repräsentation von Pierre-Marie zu töten, den lebenden Stellvertreter des toten Pierre. Für den Moment mag der Hinweis genügen, dass die Brutalität seiner Wut auf seinen Vater, der
den kleinen Hund tötete, und sein großes Mitleid mit dem Tier für
uns den Zugang zum entscheidenden Engpass, zum Tod des Kindes
Pierre bildete. Von diesem Zeitpunkt der Analyse an umkreiste er im
Traum Friedhöfe, Phantasma des Todes seines Vaters, wünschte den
der Mutter und, unmittelbar danach, den Tod seiner Frau. Er begann,

sich heftigst mit seiner ältesten Tochter zu streiten und ging soweit, sie wegzuschicken... in die Psychoanalyse. Wäre das tote Kind in seiner Analyse aufgetaucht, so wäre es toter Buchstabe geblieben und wir wären weit entfernt davon gewesen, es in Zusammenhang mit dem zu tötenden Kind zu sehen, das Pierre-Marie selbst war. Dennoch konnte man bereits die Sinnbrüche in der Grammatik des Phantasmas erkennen: An die Stelle des »Kindes«, das getötet wird, traten folglich das Hündchen, der Vater, die Mutter, die Frau, sein eigenes Kind. Die unbestimmte Formulierung des Phantasmas »ein Kind wird getötet« ist völlig angemessen: Lediglich das Verb, das die Tötungshandlung benennt, ist präzisiert, aber man weiß weder, wer tötet, noch welches »Kind« getötet wird. Wir erwähnen nur kurz die möglichen Varianten der Identität des Tötenden: der Vater, was das Hündchen betrifft, aber wer ist für den Tod Pierres verantwortlich? Der Arzt (in dem sich der Psychoanalytiker abzeichnet), die nachlässige oder überfürsorgliche Mutter, das Schicksal oder gar er selbst? Die Zahl der Gestalten, die den Platz des grammatischen Subjekts einnehmen könnten, ist unendlich. Wie es auch immer sei. Wenn man einerseits die genaue Bestimmung der im Phantasma ausgedrückten Aktion sieht, das Töten, und andererseits die Unbestimmtheit des betroffenen Objekts, nämlich »das Kind«, dann erkennt man, dass das Phantasma im Wesentlichen durch seine grammatische Struktur gebildet wird.

Ich stelle deshalb erneut die Grundfrage des Phantasmas: Welches Kind? Im Fall von Pierre-Marie wird sich zeigen, dass das zu tötende Kind Pierre-Marie selbst ist, und man wird verstehen, wie außerordentlich schwierig diese Tötung ist. Wir folgen unserem Patienten nicht blind in seinen Selbstmordphantasien, in denen ihm die Vorstellung behagt, es handle sich um den Tod des abgeklärten und gesetzten Mannes. Der Pierre-Marie, den es zu töten gilt, ist die Repräsentation des Begehrens seiner Mutter, ein Abbild, das so treffend mit ›Pierre-Marie‹ benannt ist, mit dem Namen seines toten Bruders und dem der jungfräulichen Mutter. Damit Pierre-Marie leben kann, muss die mit seinem Namen verknüpfte Repräsentation getötet werden, die zunächst als die eines tröstenden Kindes und als lebender, unsterblicher Ersatz für einen Toten, als Gestalt aus den unartikulierten Wünschen seiner Mutter auftaucht. Zu töten ist eine Repräsentation, die, wie ein Leitstern, die Zukunft des wirklichen Kindes beherrscht. Das »Sternzeichen«, der Leitsignifikant des Begehrens der Mutter ist selten so leicht auszumachen wie in der Geschichte Pierre-Maries. Es ist eine im wahrsten Sinne unbewusste Repräsentation, die deswegen so schwer und manchmal unmöglich auszumachen und zu benennen ist, weil sie im Unbewussten eines oder mehrerer anderer, nämlich im Begehren derer eingeschrieben ist, die die Geburt des Kindes herbeigeführt oder sie miterlebt haben.

Drei Punkte müssen hier angemerkt werden: Zum einen, dass der Status und die stets problematische Wahrnehmung der unbewussten Repräsentation des Begehrens der Eltern – in diesem Fall die Repräsentation des Pierre-Marie als Trost und lebendigem Ersatz für ein anderes Kind – etwas ganz anderes ist als die Wahrnehmung oder Entstehung des Subjekts Pierre-Marie. Zum zweiten, dass sich das unbewusste Subjekt Pierre-Maries, das heißt seine eigenen unbewussten Repräsentanten, zwangsläufig und hauptsächlich gemäß den unbewussten Repräsentationen seiner Mutter bilden wird. Und schließlich ist festzuhalten, dass der unbewusste Repräsentant des Phantasmas der Mutter, unabhängig von seiner formalen oder signifikanten Besonderheit, vom Subjekt mit Vorliebe als verschlingendes statt als tröstendes Kind, als Herz aus Stein (deutlicher als Pierre/Stein), als vertrautester, unheimlichster und beängstigendster unbewusster Repräsentant eingesetzt wird. Er ist da als ein Repräsentant, der nie sein eigener war noch sein wird, und dennoch umfasst er in seiner absoluten Fremdheit die Wahrheit und Heiligkeit (was man ohne Abwertung verstehen kann als das Verdammungswürdigste) seines Wesens. Diesen unbewussten Hauptrepräsentanten nenne ich *primären narzisstischen Repräsentanten*. *Das zu tötende Kind*, in der Glorie, allmächtig und schrecklich, ist *die Repräsentation des primären narzisstischen Repräsentanten*. Verfluchtes Erbteil eines jeden Menschen: Gegenstand des notwendigen wie unmöglichen Mordes.

Die Bezeichnung Infans für die narzisstische Repräsentation ist sehr treffend. Sie spricht nicht, und sie wird niemals sprechen. Erst wenn man beginnt sie zu töten, beginnt man zu sprechen; und nur wenn man fortsetzt, sie zu töten, kann man wirklich sprechen und begehren.

Für Pierre-Marie ist das Leben anstrengend und schmerzhaft, ihn verfolgt die lähmende Präsenz des Todes. Die Familienfreuden nimmt er nur am Rande wahr, er belässt seine Vorlieben und sein Begehren im Ungewissen und Schattenhaften und widmet dieser offensichtlichen Unterdrückung den Großteil seiner Vitalität, die nur im beruflichen Bereich Früchte trägt – welche er aber nicht genießt. Er verlangt, von dieser Todesangst befreit zu werden, und die Tatsache, dass er zunächst diesen Tod als den Pierres genannt hat, stellt einen soliden Brückenkopf für seinen bedrohten Widerstand dar. In seinen Träumen, in denen er über Mauern klettert, Gruben gräbt, auf aufgegebenen Friedhöfen Gräber entdeckt, sucht er seinen Bruder. Ah, jetzt will der kleine Saukerl mit ihm abrechnen.

Aber wie kann man einen Toten töten? Pierre-Marie wird in der Beantwortung dieser Frage mit sich selbst konfrontiert, mit dem Kind, das von seiner Mutter schon vor der Geburt für die Unsterblichkeit bestimmt wurde, als Statthalter seines toten Bruders; er brennt wie eine Trauerkerze, die nie ausgeht. Und doch muss er, wenn er leben will, mit seinem Bild von der brennenden Kerze seinen Bruder aufs Neue töten und mit einem Schlag auch den Traum seiner Mutter zerstören, das unsterbliche Kind aus dem Begehren seiner Mutter töten: den Repräsentanten, den er selbst als Keim (vielleicht auch als Körper eines anderen) seines Seins eingesetzt hat, um aus ihm seinen primären narzisstischen Repräsentanten zu machen, einen Pierre-Marie, der das perfekte Kind darstellt. Er ist ein guter Sohn, der sich liebevoll auch um die kleinen Sorgen seiner alten Eltern kümmert, ebenso ist er ein guter Vater. Er meint, dass ihn sein erstes, ungewolltes Kind in eine Ehe getrieben hat, die er immer wieder in Frage stellt. Er merkt nicht, dass er beim Kinderzeugen sich selbst hinters Licht führt und damit versucht, seiner eigenen kindlichen Grauzone zu entkommen. Wie sterben? Wie das Abbild-Kind töten, das er für seine Mutter darstellt? Er sagt: Helfen Sie mir, als wolle er, dass ich sein Geschlecht zum Begehren hin lenke. Was er tatsächlich verlangt, ist, dass ich das Opfermesser ergreife, dass ich ihn wie ein geliebtes Haustier umbringe, damit er sich dann aus der Asche (oder aus dem Blut) des doppelköpfigen Tyrannen – bestehend aus dem toten Pierre, der noch einmal getötet werden muss, und dem Denkmal Pierre-Marie, das vernichtet werden muss – neu erheben kann, damit ihn dieser erste Tod endlich in den Raum »zwischen zwei Toden«[3] versetzt, wo er leben kann.

Die besondere Lebensproblematik besteht für Pierre-Marie darin, dass er, wenn er seine primäre narzisstische Repräsentation in Frage stellt, seine Mutter zutiefst in ihrer unbewussten Existenz kränkt. Denn im Wunsch seiner Erzeugerin muss er das unsterbliche Kind bleiben, das Pierre ersetzt und dessen Tod annulliert: Wenn Pierre-

Marie sich aber nicht mehr mit dem Abbild aus dem Umfeld des mütterlichen Traumes identifiziert, versetzt er ihr den Todesstoß: Er zerstört nicht nur die Grundlage ihres Lebenstraumes, sondern er tötet auch Pierre ein zweites Mal und zwingt sie zu einer Trauerarbeit, die sie nie vollzogen hat. Das ist für einen »guten Sohn« eine schwierige Aufgabe, zumindest beharrt er auf dieser Vorstellung. Die Analyse muss dann alle sekundären Bildungen aufklären und entknoten, die in seinem Leben die Notwendigkeit des Sterbens des Kindes (der primären narzisstischen Repräsentation) überdeckt haben. Insbesondere muss sie all das aufdecken, was seine Kinder an psychischer Belastung zu ertragen hatten unter der Verneinung oder Realisierung seines eigenen narzisstischen Todes.

Der Fall von Pierre-Marie zeigt insbesondere, wie schwierig es ist, den primären narzisstischen Repräsentanten als lebendes kindliches Denkmal zu benennen, aber er macht ebenso sehr die Frage sichtbar, die sich jedem durch das Phantasma »ein Kind wird getötet« stellt. Auch wenn es in der Familiengeschichte keinen toten Bruder gibt, so existiert doch im Begehren der Eltern immer eine nicht geleistete Trauer – sei es auch nur über die eigenen Kinderträume – und ihre Sprösslinge dienen dann hervorragend dazu, alles, worauf sie verzichten mussten, zu verwirklichen. »Der (...) primäre Narzissmus des Kindes (...) ist weniger leicht durch direkte Beobachtung zu erfassen als durch Rückschluss von einem anderen Punkte her zu bestätigen. Wenn man die Einstellung zärtlicher Eltern gegen ihre Kinder ins Auge fasst, muss man sie als Wiederaufleben und Reproduktion des eigenen, längst aufgegebenen Narzissmus erkennen. (...) So besteht ein Zwang, dem Kinde alle Vollkommenheiten zuzusprechen (...) Das Kind soll es besser haben als seine Eltern, es soll den Notwendigkeiten, die man als im Leben herrschend erkannt hat, nicht unterworfen sein. Krankheit, Tod, Verzicht auf Genuß, Einschränkung des eigenen Willens sollen für das Kind nicht gelten, die Gesetze der Natur wie der Gesellschaft vor ihm halt machen, es soll wirklich wieder Mittelpunkt und Kern der Schöpfung sein. *His Majesty the Baby*, wie man sich einst selbst dünkte. Es soll die unausgeführten Wunschträume der Eltern erfüllen, ein großer Mann und Held werden an Stelle des Vaters, einen Prinzen zum Gemahl bekommen zur späten Entschädigung der Mutter. Der heikelste Punkt des narzisstischen Systems, die von der Realität hart bedrängte Unsterblichkeit des Ichs, hat ihre Sicherung in der Zuflucht zum Kinde gewonnen.

Die rührende, im Grunde so kindliche Elternliebe ist nichts anderes als der wiedergeborene Narzissmus der Eltern (...).«[4]

Die »Tötung des Kindes« in Angriff zu nehmen, die notwendige Zerstörung der primären narzisstischen Repräsentation (den primären Narzissmus bei Freud) auszuhalten, das ist die gemeinsame, ebenso entscheidende wie unmögliche Aufgabe. Wie ist es möglich, das Kind zu beseitigen, wie kann man sich einer Sache entledigen, die im Range eines unbewussten, mithin unauslöschlichen Repräsentanten steht? Umgekehrt gefragt, wie kann man diesen unerlässlichen Schritt vermeiden, diesem Zwang entgehen, ohne in der Sprachlosigkeit der »Infanz« (Kindheit) stehen zu bleiben und nicht zum Begehren vorzudringen? Denn darin liegt das »verrückte« Los, das den erwartet, der die Tötung des allmächtigen Kindes, die Zerstörung der primären narzisstischen Repräsentation nicht in Angriff zu nehmen vermag. Die primäre narzisstische Repräsentation (das Kind in uns) ist wie jeder unbewusste Repräsentant unauslöschlich; sie ist mit Fug und Recht als unbewusste zu benennen, und das bedeutet, dass sie nie für eine Bewusstwerdung offen ist und es nie war. Wie kann man sich also vorstellen, auf etwas zu verzichten, zu dem man nie Zugang hat oder hatte? Solcherart ist das allgemeine Problem der Beziehungen, die wir zu den unbewussten Repräsentanten pflegen, welche der Urverdrängung unterliegen und von denen wir nur die Effekte kennen, das heißt ihre Abkömmlinge.

Es genügt, an das von Freud analysierte Beispiel von der Deckerinnerung beim Pflücken von Löwenzahn zu erinnern, das von der Jause unterbrochen wurde: Die wahren unbewussten Repräsentanten – Gelb, Brotlaib, typischer Geschmack oder Duft des Brotes, der Leib seiner Kusine oder des Dienstmädchens – bleiben, vor allem für eine analytische Untersuchung im Nachhinein, im Grunde unbegreifbar. Nicht einmal in einer Psychoanalyse zeigen sich die unbewussten Repräsentanten im direkten Zugang, sondern nur in den Effekten, die von der Ausbildung des Symptoms oder des Phantasmas hervorgerufen werden. Man hätte in einem psychoanalytischen Vorgehen die doppeldeutigen Repräsentanten Laib/Leib und die sinnlichen Repräsentanten Gelb und Geschmack durch einen anderen in der Position des Psychoanalytikers an ihn zurückverweisen und sie zergliedern müssen, um anhand ihres Effekts auf die überdeckende Gestaltung der Erinnerung beurteilen zu können, ob es sich bei diesen Wörtern wirklich um Fragmente unbewusster Repräsentanten handelte. Das bedeutet keineswegs, das eine solche Ermittlung von unbewussten Repräsentanten deren bestimmende Kennzeichen auslöscht: Eine gute Ermittlung erkennt man daran, dass sich ihre Anlage von ihren Effekten unterscheidet.

Wenn wir auf Renaud zurückkommen, so scheinen zwei Ausdrücke des Traums zu unbewussten Repräsentanten zu führen: »Sprung mit gespreizten Beinen« und »in den Bauch«. Gespreizte Beine, um dem Gegner zu trotzen, mit einer Mischung von Erregung und Panik, gebündelt in einer Gefühlswahrnehmung auf der Höhe des Geschlechts, das bei dieser Haltung exponiert ist; ein Komplex von vitalen Eindrücken, den die Sprungbewegung betont, die diese Erregung ausführt und die Hilflosigkeit der Panik andeutet, welche im Traum durch das Vornüberfallen endet. Bilder von Verstümmelungen, von durch Straßenbahnunfälle abgetrennte Beine, Phantasien der Trennung von Leib und Becken, von Vierteilung, von einem unmöglichen oder katastrophalen Zusammenhalt bei einer weit ausholenden Bewegung, aber vor allem ein Gefühl von Zer-Gliederung angesichts einer Bedrohung, einer Gefahr, eines Angriffs, der als Infragestellung einer sehr fragilen und gleichzeitig sehr scharfen Empfindung der narzisstischen Einheit erfahren wird. Es ist eine innere Panik, die sich durch Entstellung der Gesichtszüge verrät, die für alle möglichen Gewalttätigkeiten offen ist.»In den Bauch« drückt ebenfalls die an die »Eingeweide« gehende unbewusste Repräsentation von Panik und Exzess aus, dieses Gefühl eines Ortes der Einheit und der Kämpfe, der durch extremste Verletzlichkeit gekennzeichnet ist. Dieser Ausdruck enthält aber auch eine genaue Bestimmung des Ortes, aus dem auf rätselhafte Weise etwas Unbekanntes, außergewöhnliche Harmonie oder das ekelhafte Ding, Scheiße oder Wunderwerk hervorgehen. Der Fortschritt in der Analyse Renauds zeigt, ausgehend vom Traum-Schirm des Vatermordes, in Bildern und Worten des Traums, Bruchstücke unbewusster Repräsentanten, die man vorläufig mit den Begriffen Strukturierung/Destrukturierung, Verrenkung und Entstehung benennen kann; oder in bildhaften Ausdrücken als verzerrte Gesichtszüge, auf denen sich die zerbrechlichen und zugleich mächtigen Umrisse einer stillen, aber intensiven Hoffnung abzeichnen: Renaud selbst.

Den Zugang zu einem unbewussten Repräsentanten zu finden, das bedeutet die gesamte Skala der Repräsentationen aufzudecken, die er zwangsläufig als Ersatzbedeutungen hervorbringt, und in der Folge etwas von seiner tyrannischen Macht erkennbar zu machen. Es heißt, in seinem Schatten einige Züge des verzerrten Gesichts von Renaud zu beleuchten, in der Gestalt Pierre-Maries die kalte Macht des Denkmals zu erkennen, das dem unsterblichen Kinde gesetzt wurde. Wenn man sie in ihrem Rang als unbewusste Repräsentanten erkennt, bedeutet dies, dass man eine erste Bresche in ihre blind machende Macht schlägt, dass man beginnt, die faszinierendste Schicksalsgestalt zu schlagen: das Kind in uns.

—

[Auszug aus: Serge Leclaire, *On tue en enfant*, Paris, Seuil, 1975, S. 7–27 / *Ein Kind wird getötet*, übers. von Monika Mager, Wien, 2004, S. 7–31. Wiederabdruck mit freundlicher Genehmigung des Verlags Turia & Kant.]

1 Johann Wolfgang von Goethe, *Der Erlkönig*, in: *Sämtliche Werke*, Bd. 2,1, hrsg. von Karl Richter, München/Wien 1987, S. 74f.

2 [Zu Gilles de Rais (1404–1440), Blaubart genannt, und dem Prozess, der ihm aufgrund der Klage, 140 Kinder vergewaltigt, gefoltert und getötet zu haben, gemacht wurde vgl. Georges Bataille, *Gilles de Rais. Leben und Prozess eines Kindermörders*, Hamburg 1967.]

3 [Vgl. Jacques Lacan, *Die Ethik der Psychoanalyse (Das Seminar, Buch VII)*, übers. von Norbert Haas, Weinheim/Berlin 1996, wo ein Kapitel Antigone im Raum »zwischen zwei Toden« gewidmet ist; zu den zwei Toden bei Lacan vgl. Michael Turnheim, »Kommen und Gehen des Todes«, *infra*.]

4 Sigmund Freud, »Zur Einführung des Narzissmus«, in: *Gesammelte Werke*, Bd. 10, S. 137–170, hier S. 157f.

Philippe Lacoue-Labarthe

Die endliche und die unendliche Agonie

> »Je puis bien dire que je ne commençai de vivre que quand je me regardai comme un homme mort.«
> (»Ich kann wohl sagen, dass ich erst zu leben begann, als ich mich als einen toten Mann betrachtete.«)
> Rousseau, *Confessions (Bekenntnisse)*, VI[1]

Im Zentrum, oder beinahe im Zentrum, der *Schrift des Desasters* (1980 [2005]) lenkt ein verhältnismäßig kurzer Text – ein Fragment, wenn man so will – durch zwei Züge, die ihn hervorheben, die Aufmerksamkeit auf sich.

Der Text selbst ist kursiv gesetzt, einem Gesetz des Wechsels gemäß, das bereits seit einiger Zeit die Komposition der »Fragmentare« Blanchots bestimmt, aber er trägt einen Titel in gewöhnlichem Schriftsatz – nehmen wir an, er sei mit lauter Stimme und ohne besondere Intonation gelesen: »Eine Urszene« –, den man wiederholte Male im zweiten Teil des Buches findet (der aber auf Seite 117 [92] zum ersten Mal in Erscheinung tritt). Aufgrund seiner typographischen Darstellung wie auch durch den Charakter der Anspielung oder des Zitats kann dieser Titel nur überraschen: In Klammern gesetzt und durch ein Fragezeichen unter Vorbehalt gestellt, verweist er eindeutig, aber in distanzierter Weise, auf das analytische Konzept oder Syntagma, das Freud 1914 in seinem Aufsatz über den Narzissmus eingeführt hatte.[2] So muss man ihn deshalb lesen, wenn nicht hören: »(Eine Urszene?)«.

Der zweite Zug, der ihn hervorhebt, liegt darin, dass dieser Text im Unterschied zu ausnahmslos allen anderen, die sich in diesem Fragmentar verteilt finden, allem Anschein nach die Erzählung einer Kindheitserinnerung darstellt – was bei Blanchot eher selten ist – oder zumindest eine solche Erinnerung ins Gedächtnis ruft. Wenngleich er in der dritten Person erzählt oder berichtet wird, kann dieser Text, aufgrund der Art und Weise, wie sich sein Sprechen zu Beginn einrichtet, nicht darüber hinwegtäuschen (genauso wenig wie das Anfangsstück, das zwischen Titel und Erzählung durch eine sehr berechnende Verwendung der Pronomen den *Augenblick meines Todes* überdeterminiert[3]), dass es sich ohne jeden Zweifel um einen autobiographischen Text handelt. Dieser Text ist sogar auf eine offene Weise autobiographisch, und er unterscheidet sich damit von einigen Stellen der Fiktionen Blanchots, denen man das Autobiographische nur als Vermutung unterstellen kann; dies gilt auch für manche Vermerke oder gewisse Dialoge, die in die Fragmentare eingesetzt sind; dies gilt auch für eine nicht geringe Anzahl von Zeugnissen, ohne (warum nicht) vom gesamten literaturkritischen Werk zu sprechen, das sich schließlich als die Autobiographie eines unermüdlichen Lesers darbietet.

Nun ist es so, dass dieser Text – derselbe Text, oder beinahe[4] – bereits vier Jahre zuvor im vierten Heft (Februar–März 1976) einer zugleich vertraulich zirkulierenden und im Selbstverlag herausgegebenen Zeitschrift veröffentlicht worden war, die mit dem Titel *Première Livraison* von Mathieu Bénézet[5] und mir herausgegeben wurde und deren Besonderheit darin lag, diese genaue Regel zu befolgen: Von jedem Autor, an den wir herantraten (und diese Wahl hing nur von uns ab), erfragten wir einen Text, der in irgendeiner Form verfasst sein konnte, unter der Bedingung allerdings, dass er eine Schreibmaschinenseite an Länge nicht überschritt. Wir hatten uns an Maurice Blanchot gewandt. Er antwortete uns, er wandte sich seinerseits zurück an uns (das ist die Einrichtung des Sprechens, auf das ich soeben anspielte), und zwar mit dem Text, um den es hier geht.

Ich lese ihn in dieser »ersten« Version:

Eine Urszene
»Sie, die Sie später leben, einem Herzen, das nicht mehr schlägt, nahe, setzen Sie, setzen Sie diesen Fall: Das Kind – von sieben, vielleicht acht Jahren? – aufrecht stehend, den Vorhang beiseite schiebend und den Blick durch die Scheibe gerichtet. Was es sieht, den Garten, die winterlichen Bäume, die Mauer eines Hauses; während es den Raum seiner Spiele sieht, sicher in der Art eines Kindes, überdrüssig, richtet es langsam den Blick nach oben in Richtung des Himmels, welcher gewöhnlich ist, Wolken, graues Licht, ein trüber Tag ohne Ferne. Was daraufhin sich ereignet: Der Himmel, dieser *selbe* Himmel, plötzlich offen, auf absolute Weise schwarz und auf absolute Weise leer, offenbart eine solche Abwesenheit (wie durch eine

gesprungene Scheibe), dass alles seit jeher und für immer sich darin verlierend zugrunde gegangen ist, bis hin zu dem Punkt, wo das schwindelerregende Wissen bejaht und verjagt wird, dass nichts da ist, das, was es gibt, und vor allem nichts jenseits dessen. Das Unerwartete dieser Urszene (ihr nicht zu beendender Zug), ist das Glücksgefühl, das sogleich das Kind überschwemmt, die verheerende Freude, die es nur durch Tränen bezeugen kann, durch den Fluss ohne Ende der Tränen. Man glaubt an den Kummer eines Kindes, man versucht, es zu trösten. Es sagt nichts. Fortan wird es im Geheimnis leben. Es wird nicht mehr weinen.«

Ich für meinen Teil werde heute und unter diesen Umständen die Analyse oder den Kommentar dieses Textes noch nicht einmal skizzieren können. Er besitzt seine eigene Evidenz, aber natürlich gäbe es viel zu sagen, oder es müsste an Vieles erinnert werden: Tatsächlich erzählt dieser Bericht, wenn es sich um einen Bericht handelt, von einer Ekstase, die »negativ« ist – auch wenn man dieses qualifizierende Adjektiv mit großer Zurückhaltung verwenden muss – und die von einer Offenbarung (das Wort fällt) begleitet wird; und dieser »Bericht« ist mit einer Aussage versehen, die ich onto-atheologisch nennen würde (»dass da ist, nichts, was es gibt, und vor allem nichts jenseits dessen *[rien est ce qu'il y a, et d'abord rien au-delà]*«), und sie erklärt zumindest teilweise den Titel des vorhergehenden Fragmentars (*Le pas au-delà*, 1973[6]); aber auch fehlen nicht, zusätzlich zu einer bei Blanchot wiederkehrenden Thematik (z. B. die des Fensters, der gesprungenen Scheibe oder des zerbrochenen Glases, auch wenn es sich vielleicht um eine entfernte Leseerinnerung handelt[7]), wiedererkennbare und fast vertraute Motive: die Leere des Himmels, die weiter hinten im Fragmentar ausdrücklich auf Bataille bezogen wird[8]), das »Glück«, mit dem »das Kind überschwemmt« wird in dem Augenblick, in dem es in den Abgrund stürzt, oder selbst, und das ist nicht wirklich unerwartet, die Tränen des *Memorials* Pascals, dieses Textes, der eben ein *Geheimnis* war und nur als *posthumer* entdeckt wurde: »Freude! Freude! Tränen der Freude...«.[9]

Ich werde diesen Text also nicht kommentieren und mich auf diese schlichte Bemerkung beschränken.

Wenn man die typographische Konvention ausnimmt (denn nichts konnte das Kursive in dieser »ersten« Version von 1976 vorschreiben) sowie zwei harmlose Änderungen (ein Doppelpunkt ersetzt einen

Strichpunkt in der »zweiten« Version (3./5. Zeile), die in zwei Absätze aufgeteilt ist, während die »erste« in einem Stück ist), treten zwei hauptsächliche Unterschiede in Erscheinung:

1. Der Titel der »ersten« Version ist, wenn ich das so sagen kann, rückhaltlos und trägt keine einzige Markierung eines Vorbehalts.

2. Die Qualifizierung »Ur-« [»*primitive*«] in dem Satz: »Das Unerwartete dieser Urszene [*scène primitive*] (ihr nicht zu beendender Zug), [...]«, verschwindet; und es fällt nicht gerade schwer, unmittelbar zu sehen, dass dieser zweite Unterschied nur den ersten stärker hervorhebt oder sogar noch vergrößert.

Was ich infolgedessen versuchen werde, ist, natürlich auf sehr elliptische Weise, eine erste Antwort auf die Frage zu geben, was sich zwischen diesen beiden Versionen ereignet haben mag. Was hat erzwungen, dass sich der Übergang von der einen zur anderen ereignete? Und wenn ich von einer »ersten Antwort« spreche, dann auch deshalb, weil Blanchot in einer Unzahl von Wiederaufnahmen, entweder unter demselben (nunmehr unter Vorbehalt gestellten) Titel oder nicht, in Kursiv oder Recte, in dialogischer oder aphoristischer Form, ja selbst in der Form des Essays, im zweiten Teil des Buches auf diesen Text zurückkommt, wie, als wolle er ihn kommentieren, korrigieren, explizieren, kritisieren – man könnte sagen: wie zwischen Reue und Rechtfertigung, um ihn als Ganzen unter Vorbehalt zu stellen. Oder in Klammern.

Meine Hypothese lautet, dass Blanchot, während er diesen Text (beinahe) vollständig bewahrt, ihn zumindest teilweise zerstört, ihn »dekonstruiert«, wenn man will (aber in einem genauen Sinn, den zu explizieren ich wohl nicht die Zeit haben werde), ihm sogar in seiner anfänglichen Sicht- und Tragweite, oder in einem bestimmten Effekt, den er hervorbringen kann – oder hervorgebracht hat – widerspricht, ihn annulliert. Und dies natürlich mit dem Risiko, und er ist selbst der Erste, der in dieser Hinsicht gewarnt ist, eine dialektische Operation zu vollführen. Aus diesem Grund, und um mich zu beschränken, werde ich mich einzig an die Untersuchung des Vorbehalts und der Unterdrückung halten, denen das Motiv der »Primitivität« im Sinne der »Anfänglichkeit« und »Ursprünglichkeit« ausgesetzt ist. Und auch damit werde ich sicher nicht zu Ende kommen, falls dies überhaupt im Bereich des Möglichen liegt.

Man kann sagen, dass Maurice Blanchot diesen Text auf gewisse Weise *umrahmen* wollte. Dies zumindest.

In der allgemeinen Einrichtung der *Schrift des Desasters* gibt es in dieser Hinsicht eine Parallele: Blanchot nimmt, diesen fragmentierend, im hinteren Teil (S. 191–196 [153–156] und 202–206 [162–165]) einen Essay wieder auf, den er zwei Jahre zuvor verfasst und unter dem Titel, demselben Titel: »*Une scène primitive*« in *Le nouveau commerce* (Nr. 39–40, Frühjahr 1978) veröffentlicht hatte (auch hier gibt es Überraschendes, handelt sich doch um einen Essay, der im Wesentlichen dem Ovidschen Narziss-Mythos gewidmet ist); und genauso geht dem »Prosagedicht«, das uns beschäftigt, wenn man diese Bezeichnung hier wählen kann – aber das scheint mir möglich – unmittelbar (von Seite 108 [85] bis Seite 117 [92]) die wiederum fragmentierte Wiederaufnahme eines um weniges älteren Artikels voran, der ebenfalls in *Le nouveau commerce* (Nr. 33–34, Frühjahr 1976) erschienen war und sich seinerzeit als eine Art Rezension von Serge Leclaire, *On tue un enfant [Ein Kind wird getötet]* darstellte – insbesondere bezogen auf den ersten Text in dieser Sammlung: »*Pierre-Marie ou De l'enfant* [Pierre-Marie *oder* Vom Kinde]«. Übrigens nannte sich der Artikel Blanchots selbst »*On tue un enfant* [Ein Kind wird getötet]«, allerdings mit dem Zusatz in Kursiv und zwischen Klammern: »*(fragmentaire [Fragmentar]*«: eine Gattungskategorie, die von Blanchot zumindest seit 1970 benutzt wird.

Die Hauptthese Leclaires – die mit einer großen klinischen Präzision ihren Ausgang am Begriff des »Zwischen-zwei-Toden« nimmt, welchen Lacan in Bezug auf Antigone in seinem Seminar *Die Ethik der Psychoanalyse*[10] entwickelt hatte – wird von Blanchot auf folgende Weise zusammengefasst; und trotz seiner großen Vorsicht sieht man, dass er mit genauer Kenntnis der Sache spricht:

> »Nach ihm [Serge Leclaire] lebt und spricht man nur, indem man das *Infans* (auch im Anderen) tötet. Aber was ist das *Infans*? Offensichtlich dasjenige, was noch nicht zu sprechen begonnen hat und nie sprechen wird; aber mehr noch das wunderbare (schreckenerregende) Kind, das wir in den Träumen und Wünschen derer gewesen sind, die uns gemacht haben und zur Welt kommen sahen (Eltern, die ganze Gesellschaft). Wo ist es, dieses Kind? Dem psychoanalytischen Vokabular gemäß (das, glaube ich, nur denjenigen zu gebrauchen zusteht, die die Psychoanalyse ausüben, das heißt, für die sie ein Risiko ist, äußerste

Gefahr, tägliche Infragestellung – andernfalls handelt es sich bloß um die gefällige Sprache einer etablierten Kultur), gäbe es Gründe, dieses Kind mit der ›primären narzisstischen Repräsentation‹ zu identifizieren, die den Status eines für immer unbewussten und folglich für immer unauslöschlichen Repräsentanten hat. Daher die streng genommen ›verrückte‹ Schwierigkeit: Um nicht im *Limbus* des *Infans* und damit im Diesseits des Begehrens ungestalt zu verbleiben, gilt es, das Unzerstörbare zu zerstören und sogar demjenigen ein Ende zu machen (nicht mit einem Schlag, sondern beständig), zu dem man keinen Zugang hat, niemals gehabt hat und auch nie haben wird – der notwendige unmögliche Tod.«[11]

Blanchot weist diese These mit ihrer klinischen Tragweite im eigentlichen Sinne nicht zurück. Was er allerdings bestreitet, jedoch einzig aus der Blickrichtung des Denkens (oder, das läuft auf dasselbe hinaus, derjenigen des Schreibens), ist die Logik, die sie rechtfertigt oder ihr unterliegt und die keine andere ist als die Logik der *Arbeit*, ob im analytischen Sinne verstanden (»analytische Arbeit«, »Trauerarbeit«, etc.) oder im dialektischen Sinne (»Arbeit des Negativen« oder »Arbeit des Begriffs«). Weil der Tod, der als »der notwendige unmögliche« benannt wird, von jeher *vorgängig* ist – ich komme darauf zurück –, ist kein praktisches oder therapeutisches »Ausheben« (keine »Übertragung«), keine theoretische (onto-theologische) »Aufhebung« von ihm möglich. Unmittelbar im Anschluss an den zitierten Abschnitt und vor einer langen Ausführung, die fast gänzlich Hegel und Heidegger gewidmet ist, fügt Blanchot Folgendes hinzu (er wird dieses Motiv unzählige Male wiederholen):

»Und, noch einmal, wir leben und sprechen nur (aber mit welcher Art von Sprechen?), weil der Tod bereits stattgefunden hat: unverortetes, nicht zu verortendes Ereignis, mit dem wir, um nicht im Sprechen selbst darüber zu verstummen, die Arbeit des Begriffs (der Negativität) oder auch die psychoanalytische Arbeit betrauen, die nicht anders kann, als die ›gewöhnliche Verwirrung‹ zwischen diesem ersten Tod, der sich unaufhörlich vollzöge, und dem zweiten, leichtfertig und vereinfachend ›organisch‹ genannten (als ob der erste es nicht wäre), aufzuheben.«[12]

Zum Beweis dieses Einwands, auch um auf gewisse Weise die Bezugnahme auf Hegel und Heidegger zu stützen (nicht zu illustrieren),

beruft sich Blanchot – und das ist überhaupt nicht ohne Bedeutung
– auf Winnicott, dessen berühmter posthumer Vortrag »Die Angst vor
dem Zusammenbruch« in der *Nouvelle revue de psychanalyse* ebenfalls im Jahre 1975 (Nr. 11, »*Figures du vide* [Figuren der Leere]«,
S. 35–44) veröffentlicht worden war. Winnicott hatte dort geschrieben – das ist das abschließende »Resümee«:

> »Ich habe zu zeigen versucht, dass die Angst vor dem Zusammenbruch
> die Angst vor einem vergangenen Ereignis sein kann, das bislang noch
> nicht erfahren wurde. *[Und man sieht sogleich den Bezug, den dieses
> nicht erlebte Ereignis in Blanchots Augen mit demjenigen Ereignis haben kann, von dem der unpersönliche, in einer Nachahmung Freuds
> gewonnene Ausdruck »Ein Kind wird getötet« einen Wink gibt].* Dieses
> Schicksal *[fügt Winnicott hinzu]* ist, in Begriffen der Analyse von Psychoneurotikern, der Notwendigkeit der Erinnerung äquivalent.
> Diese Idee lässt sich auch auf verwandte Ängste anwenden; ich habe die
> Angst vor dem Tod und die Suche nach Leere erwähnt.«[13]

Diesen nicht erlebten Zusammenbruch, der wohl aber stattgefunden hat, nennt Winnicott – ich transkribiere wörtlich, wie Blanchot
es tut – »primitive Agonie«.[14] Gemessen am »immer vorgängigen«
Tod, der zuallererst jedem Subjekt und jeder Geburt vorgängig ist
(»›Ich‹ sterbe, bevor ich geboren werde« wird Blanchot später sagen,
und nicht, wie Leclaire sagt, »von dem Augenblick an, da wir geboren
werden«, was die ein oder andere etwas voreilige oder schlaftrunkene Formulierung in *Sein und Zeit* wiederholt), gemessen an diesem
Tod ist die primitive oder ursprüngliche Agonie eine reine *Fiktion*. Es
ist nun notwendig, noch einmal Blanchot zu zitieren:

> »Dieser ungewisse, immer vorgängige Tod, Zeugnis einer Vergangenheit ohne Gegenwart ist niemals individuell, und ebenso überragt er
> das Ganze (das, was das Kommen des Ganzen voraussetzt, seine Vollendung, das Ende ohne Ende der Dialektik): außer Allem, außer Zeit,
> kann er nicht allein, so wie Winnicott es denkt, durch die Wechselfälle
> des Schicksals erklärt werden, die der ersten Kindheit zueigen sind,
> wenn das Kind, dem das Ich noch entzogen ist, erschütternde Zustände
> durchlebt (die Uragonien), die es nicht erkennen kann, da es noch nicht
> existiert, die sich also ereignen ohne stattzufinden, was später den Erwachsenen dazu führen wird, sie in einer Erinnerung ohne Erinnerung

und durch sein von Sprüngen durchzogenes Ich von seinem zusammenbrechenden oder zu Ende kommenden Leben zu erwarten (von dem er sie entweder erwünscht oder befürchtet). Oder vielmehr ist dies nur eine, im Übrigen beeindruckende Erklärung, eine fiktive Anwendung, die dazu bestimmt ist, zu individualisieren, was nicht zu individualisieren ist, oder dazu, eine Darstellung des Undarstellbaren zu liefern, glauben zu machen, dass man, mit Hilfe der Übertragung, in der Gegenwart einer Erinnerung (das heißt, in einer aktualisierten Erfahrung) die Passivität des unvordenklichen Unbekannten fixieren könnte, mit einem Verfahren der Ablenkung, das vielleicht therapeutisch nützlich ist, insofern es demjenigen, der in der Heimsuchung eines drohenden Zusammenbruchs lebt, mittels einer Art Platonismus zu sagen erlaubt: Das wird nicht stattfinden, das hat bereits stattgefunden, ich weiß, ich erinnere es – was die Wiederherstellung eines Wahrheitswissens und einer allgemeinen, linearen Zeit bedeutet.«[15]

Ich werde mich darauf beschränken – in einer missbräuchlichen Verdichtung, die ich zu entschuldigen bitte –, aus dieser Reihe von Bemerkungen die beiden Konsequenzen zu ziehen, die mir unbestreitbar wichtig erscheinen:

Einerseits, wenn es »Agonie« gibt oder geben kann – was Blanchot überhaupt nicht bestreitet –, dann ist diese Agonie nicht »primitiv«, »ursprünglich«. Der Zeit, wie auch allem, was ist, entzogen, hat sie nicht statt, kann sie nicht stattgehaben (und auch nicht, *a fortiori*, an erster Stelle kommen), sie kommt niemals, sie schafft kein Ereignis (in welchem Sinne auch immer man das versteht, und das schließt Heideggers *Ereignis* mit ein). Die Vorgängigkeit des vorgängigen Todes, des Sterbens oder der Agonie, verbietet jede Anfänglichkeit. Gleichermaßen, wenn das Gedächtnis (*memoria, mnèmè, mens*; aber auch *mènis*, die Wut, aber ich kann darüber hier nichts sagen) seit Platon oder bereits seit der Zeit vor Platon und der metaphysischen Thematisierung der Wiedererinnerung, nichts anderes gewesen ist als das *Denken* selbst in seiner Möglichkeit, die verinnerlichende Aneignung, dann entzieht sich der vorgängige Tod – von Blanchot auch »Der notwendige unmögliche Tod« genannt – jedem Denken: Er ist, wenn man so sagen kann, *lethal*; er kann keine Wahrheit *(alètheia)* begründen und auch keine Offenbarung, keine Manifestation, kein Kommen ins Anwesende.

Dies bekräftigte das *Incipit* des Artikels über Leclaire, welches in der *Schrift des Desasters* das zweite von Blanchot aus ihm heraus gelöste Fragment öffnet:

»Der notwendige unmögliche Tod: Warum entweichen diese Worte – und die unerlebte Erfahrung, auf die sie sich beziehen – dem Verstehen? Warum stoßen sie zurück; warum diese Weigerung? Warum löscht man sie aus, indem man daraus eine Fiktion macht, die einem Autor zueigen ist? Das ist wohl natürlich. Das Denken kann dies, was es in sich trägt und was es trägt, nicht aufnehmen, es sei denn, es vergisst es. Ich werde zurückhaltend davon sprechen und dabei einige scharfsinnige Bemerkungen (sie vielleicht verfälschend) verwenden, die Serge Leclaire formuliert hat. [...]«[16]

Zum anderen ist dieser taube Widerstand, den der vorgängige Tod, der ein wahrer Tod, das zu Tode Kommen selbst ist, aber als *unmögliches* (das Wort Batailles), Erfahrung ohne Erfahrung (ich habe davon in Bezug auf *Der Augenblick meines Todes* gesprochen[17]) – so ist dieser Widerstand also, den der vorgängige Tode dem Denken darbietet – ihm aber nicht entgegenhält, im Sinne der gemeinhin akzeptierten dialektischen Negativität –, wenngleich er von ihm allein abhängt, auf undenkbare Weise das, was »natürlicherweise«, als handelte es sich um eine nicht zu unterdrückende Regung, die *Fiktion* (der Begriff erscheint hier zumindest zum zweiten Mal) autorisiert. Die Erzählung zum Beispiel, der Mythos oder das Gedicht.

Aber man sieht sofort, was damit gemeint ist: Die Fiktion hat keinen anderen Ursprung – und auch keine andere Funktion – als die begriffliche oder therapeutische, philosophische oder analytische *Arbeit*. Auf dieselbe Weise wie diese erhebt sich die Fiktion aus einer Negativität, die »am Werke« ist. Es ist dieselbe Logik, die Literatur, Philosophie und Psychoanalyse *organisiert*. Es ist die *Logik* selbst.

Gleichwohl, als absolut vorgängiger ist der Tod nicht weniger *ursprünglich*. Ganz sicher kann ihn nichts in einen ersten und zweiten Tod aufspalten, wie es Hegel (aber ich bin da nicht sicher, dem ist noch »zu folgen«), Lacan oder Leclaire denken. Das Sterben ist eins, und diese Unteilbarkeit autorisiert kein Mythem, kein Konzept, keine Übertragung. Keine »Wiedererinnerung«. Oder, um es anders zu sagen, allein die Verzeitlichung des Todes erzeugt die Literatur, in dem Sinne, dass sie nun »alles Übrige« ist.

Selbst wenn das Sterben, als unteilbares, Ursache von nichts ist, es sei denn gerade der »Sache« ihrer notwendigen Unmöglichkeit oder ihrer unmöglichen Notwendigkeit (das unerlebte Erlebnis), dann meint das nicht, dass es nichts autorisieren würde, zwar nicht in der Modulation, in der dieses Wort auf den »Autor« verweist, sondern in derjenigen, in der die *Autorität* involviert ist. (Sie erinnern sich an den Austausch mit Bataille: »[…] das Prinzip, dass die Erfahrung selber die Autorität ist (aber dass sie, die Autorität, gesühnt werden muss« [»… que l'autorité s'expie.«][18]) Wenn ich es also »ursprünglich« nenne, dann im strengsten Sinne des *Transzendentalen*, also im Sinne einer *Bedingung* – einer Negativität also –, die jedoch Bedingung von keiner Möglichkeit ist. Das transzendentale Sterben, die Bedingung der Existenz selbst – und das ist sein absolut paradoxaler Status, der demjenigen unterliegt, was ich geglaubte habe, in Bezug auf Hölderlin und sein tragisches Denken auf akzeptable Weise *hyperbologisch* nennen zu können[19] – ist schlicht und einfach eine *Bedingung der Unmöglichkeit*. Und zunächst diejenige der Fiktion (der Literatur), des Onto-theo-logischen, der Therapie – im Grunde diejenige jeder autorisierten, wenn nicht sogar autoritären Subjektivität.

»Bedingung der Unmöglichkeit«: Das Spiel oder der Zusammenprall dieser beiden Negativitäten ruft sogleich nach der »Bewegung«, wie Hegel sagt, der *Aufhebung*. Außer, dass hier nichts im eigentlichen Sinne negiert ist, das heißt behalten und bewahrt, aufgespart oder untergebracht wird. Klar gesagt also: gerettet. Und vor allem nicht die Existenz als Leben. Dieses Spiel, oder dieser Zusammenprall muss vielmehr wie eine *Bejahung* verstanden werden, aber sicher nicht in dem Sinne, wie Nietzsche sie verstand, nämlich genau als »Bejahung des Lebens« (der »Macht«). Und genauso wenig geht es um den Tod als »meine eigenste Möglichkeit«, auf die sich die existenziale Analytik in *Sein und Zeit* gründete. Blanchot ist sehr explizit in dieser Hinsicht, und ich zitiere hier nur zur Erinnerung:

> »Doch was wäre der Unterschied zwischen dem Tod durch Selbstmord und dem nicht selbstmordenden Tod (wenn es einen gibt)? Dass der erste, indem er sich der (ganz auf die *Möglichkeit* des Todes, auf den Gebrauch des Todes als ein Vermögen gegründeten) Dialektik anvertraut, das dunkle Orakel ist, das wir nicht entziffern, dank dessen wir aber ah-

nen und doch unaufhörlich vergessen, dass derjenige, der bis ans Ende des Todeswunsches gegangen ist, sein Recht auf den Tod eingefordert und auf sich selbst eine tödliche Macht angewandt hat – oder, Heidegger sagt, *die Möglichkeit der Unmöglichkeit* eröffnend – oder auch geglaubt hat, sich zum Beherrscher der Herrschaftslosigkeit zu machen, sich in einer Falle fangen lässt und auf ewig – einen Augenblick offensichtlich – da innehält, wo er aufhört, ein Subjekt zu sein, seine eigensinnige Freiheit verliert und sich, anderer als er selbst, am Tode stößt wie an dem, was nicht eintrifft oder wie an dem, was sich (indem es die Dialektik in einer Art Demenz dementiert, da es sie zu Ende kommen lässt) in *die Unmöglichkeit jeder Möglichkeit* verkehrt.«[20]

Wenn es eine Bejahung gibt, dann kann sie folglich nur Bejahung des *Desasters* sein: des »leeren Himmels«. Werkentsetzung, das Unpersönliche, Entkörperung, unvordenkliche und nicht zu beendende Agonie: »verheerende Freude« oder »Gefühl der Leichtigkeit« wie im *Augenblick meines Todes*. »Fluss ohne Ende der Tränen« oder stilles, diskretes Lachen. Die Bejahung gesteht nur eine einzige Aussage zu und ist nur dem anderen seiner selbst zugewandt (oder, gestehen wir es zu, dem Anderen des Selbst): »Gestorben, das bist du schon...« Und das heißt *Schreiben*.

Ich zitiere ein letztes Mal:

»Sterben meint: Gestorben, das bist du schon, in einer unvordenklichen Vergangenheit, gestorben eines Todes, der nicht der deine war, den du folglich weder erkannt noch erlebt hast, aber unter dessen Drohung du dich zu leben aufgerufen glaubst, während du ihn nunmehr aus der Zukunft erwartest, diese Zukunft bildest, um ihn endlich als etwas, das stattfinden und der Erfahrung angehören wird, möglich zu machen.

Schreiben, das ist, den bereits geschehenen Tod nicht mehr ins Futur setzen, sondern akzeptieren, ihn zu erleiden, ohne ihn gegenwärtig und ohne sich ihm gegenwärtig zu machen, zu wissen, dass er stattgefunden hat, wenngleich er nicht erlebt wurde, ihn anzuerkennen im Vergessen, das er hinterlässt, und *sich von der kosmischen Ordnung auszunehmen*, dort, wo das Desaster das Wirkliche unmöglich und das Begehren zu etwas macht, das nicht zu begehren ist.«[21]

Die Szene war also nicht »primitiv«, »ursprünglich«. (Und es war wahrscheinlich auch keine »Szene«, genauso wie es auch nichts »Geheimes« davon zu bewahren gibt – ich werde ein anderes Mal darauf zurückkommen.) Oder aber, wenn sie es war, wenn man zumindest das Recht hat, sie als »erste« zu begreifen, als eine, die stattgefunden hat, die Erinnerung geblieben (ins Gedächtnis eingetragen) ist, dann gehört sie nicht dem *Ursprünglichen* an. Sie wird nicht »im Vergessen« erkannt, dessen erlöschende Spuren das *Desaster* herbeirufen.

Meint dies, dass sie fiktiv oder dass sie nur Literatur ist?

Als im eigentlichen Sinne autobiographische wäre sie Fiktion. Was sie aber zweifellos nicht ganz und gar ist. »Sie, die sie später leben, einem Herzen, das nicht mehr schlägt, nahe, setzen Sie diesen Fall, setzen Sie ihn: Das Kind [...]«, so lautet die Öffnung der »Szene« und so lautet das *Incipit* des Textes selbst, die Aussage, mit der er sich entsendet. Eine quasi posthume Adressierung, eine Art vertrauliche Botschaft oder – was dasselbe ist – ein Bekenntnis. Dieser Text wird schlicht *anvertraut*, er appelliert, vertraut auf einen Glauben, eine Treue. Es ist ein *testamentarischer* Text, was vielleicht nicht ganz und gar bedeutet, dass es sich um ein »Zeugnis« handelt. Darin ist er dem *Augenblick meines Todes* weniger vergleichbar als dem *Memorial*, das Pascal gerade nicht zerstört hatte.

Aber Sie haben mindestens zweimal, genau in der Erwähnung der nicht zu überschreitenden Grenze des Denkens (der *mnèmè*) wie der Fiktion, das Wort »Vergessen« gehört. Dem *Memorial* wurde kein *Kommentar*, um ihm einen Rahmen zu verleihen, nachträglich hinzugefügt – genauso wenig wie dem *Augenblick meines Todes*: diese letzten Worte –; nichts hat ihn korrigiert, wiederaufgenommen, teilweise zerstört oder »dekonstruiert« – kurz wieder-geschrieben. Was hat sich also mit der *Urszene* ereignet? Warum hat Blanchot sie trotz allem behalten, *heil bewahrt*?

Vielleicht, und das ist meine letzte Hypothese, wenn man nur an die Verwendung denkt, die Freud selbst diesem Begriff in dem Essay über die Genealogie der Menschheit als solcher zukommen ließ (in der »theoretischen Fiktion«, wenn man wie Nietzsche spricht,[22] von *Totem und Tabu*,[23] oder, wie Lacan sagte, dem einzigen »Mythus«, zum dem die Moderne in der Lage gewesen ist[24]), um sie zu *entmythologisieren*. Genau entsprechend dem Unvordenklichen.

Blanchot war dazu gekommen – deutliches Echo seiner politischen

Bildung –, das Wesen der Literatur bis in den Ursprungsmythos der poetischen Fiktion zu verfolgen: in der *nekuia* des Orpheus, seine Durchquerung des Todes; und die Figur der »Werkentsetzung« mit dem Namen der Eurydike zu skizzieren:[25] Die Geburt des ärmlichen Gesangs, demjenigen gleich, den Kafkas Josefine produziert, der immerhin noch Gesang, selbst wenn er der »ganz andere« ist, oder wenn er sich zumindest der Verführungskraft beraubt findet, den der Gesang der Sirenen besitzt... Hier, in der *Schrift des Desasters*, gibt es keine Mnemosyne, keine Lethe. Der einzige Name, der erscheint – und der »primäre Narzissmus« und der »Todestrieb« verpflichten dazu – ist derjenige des Narziss, aber im hartnäckigen Vorhaben, diesen »späten« und ganz »literarischen Mythos« zu dekonstruieren: diesen vielleicht falschen Mythos, dessen verheerende Effekte in unseren Gesellschaften noch schlimmer sind als die der sophokleischen *Ödipus*-Version. Ich würde nicht ohne weitere Untersuchung zu behaupten wagen, dass diese Anschuldigung als »falscher« ein implizites Plädoyer für den »wahren« (Mythos) wäre. Die Redlichkeit fordert, solange und so dicht wie möglich der Spur zu folgen, die Blanchot offen zu legen oder zu ziehen versucht hat: Das Schreiben beginnt, das ist seine *Bedingung*, mit dem Auslöschen oder dem Verschwinden der mythischen Namen und der Figuren – so wie auch in der Politik ein »Epochenwechsel« vorbereitet wird, oder das Subjekt, im Register des vorgeblichen »Lebens«, sich um den Entzug bemüht und sich hingibt, sich absetzen lässt.

Es bleibt, dass all das, auch die ängstliche und zögerliche Bewahrung des Syntagmas oder des zunächst gewählten Begriffs: *Eine Urszene*, sich *unter das Zeichen des Desasters* gesetzt findet. »Desaster« ist sicher kein *Name*, aber das *Etymon* hallt ohne Unterlass darin wieder, soweit, dass es im ersten Teil des Fragmentars eine lange Diatribe gegen den »Etymologismus« Heideggers auslöst. Sie werden verstanden haben, dass ich diese Frage hier vorbehaltlich all ihrer möglichen Implikationen stelle: Warum ist dieses *Wort* bis in den Titel des *Buches* hinein »gerettet«, wo es in diesem so sehr beunruhigenden doppelten Genitiv (wer, was genau schreibt?) steht? Wenn die Auslöschung des Namens Pflicht ist, was ist dann noch die Macht oder die *Energie* des Wortes? Verfügt es noch über irgendein werkschaffendes Vermögen? Ist es das, was man einen *Terminus*, die Notierung eines Endes nennt?

[Philippe Lacoue-Labarthe, »Agonie terminée, Agonie interminable«, in: Christophe Bident / Pierre Vilar (Hrsg.), *Maurice Blanchot. Récits critiques*, Tours 2003, S. 439–450. Der Titel spielt auf die französische Übersetzung eines der letzten Texte Freuds an: »Die endliche und die unendliche Analyse« (1937), in: *Gesammelte Werke*, Bd. 14, S. 57–99, welcher mit »Analyse terminée, analyse interminable« übersetzt wurde.]

1 [Jean Jacques Rousseau, *Les Confessions de J. J. Rousseau*, in: *Œuvres complètes*, Bd. 1, hrsg. von Bernard Gagnebin, Marcel Raymond, Robert Osmont, Paris 1959, S. 1–657, hier S. 228. / *Die Bekenntnisse*, übers. von Alfred Semerau (durchgesehen von Dietrich Leube), München 1978, S. 227.]

2 [Der Ausdruck »Urszene«, der sich im Französischen mal mit »*scène primitive*«, mal mit »*scène originaire*« übersetzt findet, wird von Freud in seinem Aufsatz »Zur Einführung des Narzissmus« von 1914 (*Gesammelte Werke*, Bd. 10, S. 137–170) nicht verwendet; er taucht allerdings in der ersten Version des *Wolfsmanns* aus demselben Jahr an prominenter Stelle auf (vgl. »Aus der Geschichte einer infantilen Neurose«, in: *Gesammelte Werke*, Bd. 12, S. 27–157). Narzissmus und Urszene sowie die Texte, die diese Konzepte entwerfen, treffen sich für Freud im »Kastrationskomplex« und den »Urphantasien«.]

3 [Der erste Absatz von *L'instant de ma mort* [*Der Augenblick meines Todes*] von 1994 liest sich wie folgt: »Ich erinnere mich an einen jungen Mann – ein Mann, der noch jung war –, vom Tod selbst am Sterben gehindert – und vielleicht vom Irrtum der Ungerechtigkeit.« (»Je me souviens d'un jeune homme – un homme encore jeune – empêché de mourir par la mort même – et peut-être l'erreur de l'injustice.)«, Paris 2002, S. 9; vgl. die Übersetzung von Hinrich Weidemann, Berlin 2003, S. 33.]

4 Im Augenblick stelle ich einen ersten brieflichen Entwurf nicht in Rechnung (in einem Schreiben an Roger Laporte), wie auch eine offensichtliche Anspielung nicht, die sich in einem autobiographischen Fragment ebenfalls in *Le pas au-delà* [Paris 1973] (S. 9) findet: »Das Schreiben als Frage des Schreibens, da, wo Frage und Schreiben einander enthalten, verwehrt dir nunmehr diesen Bezug zum Sein – und dies sei zunächst verstanden als Tradition, Ordnung, Gewissheit, Wahrheit oder jegliche Art der Verwurzelung –, welchen du von der Welt eines Tages der Vergangenheit erhalten hast, als einen Bereich, den zu verwalten du aufgerufen warst, um dein ›Ich‹ zu festigen, wenngleich es

wie von einem Sprung durchzogen war seit dem Tag, an dem sich der Himmel auf seine Leere hin geöffnet hatte.« Ich danke Jacqueline Laporte und Pascal Possoz, die mir diese Stellen in Erinnerung gerufen haben. [Die Briefstelle, auf die Lacoue-Labarthe anspielt, findet sich hier unter dem Titel »[Leere des Himmels]«, *supra*, übersetzt.]

5 [Mathieu Bénézet, u. a. Autor zahlreicher Gedichtbände, von 1977 bis 1982 Mitarbeiter der Zeitschrift *Digraphe*; vgl. insbesondere *Et nous n'apprîmes rien: poésie (1962–1979)*, Paris 2002, *L'aphonie de Hegel, poésie*, Paris 2000 und *Ceci est mon corps, mélanges & miscellanées*, Paris 2005; vgl. auch – zu Blanchot? – seinen Text »M. B. par M. B.«, in: Bident/Vilar, *Maurice Blanchot. Récits critiques*, a.a.O., S. 435–438, sowie zu Bénézet: Isabelle Garron, »Mathieu Bénézet. ›[...] et l'écriture est cela‹«, in: *Critique*, Nr. 735–736 (2008), S. 689–697.]

6 [Der Titel *Le pas au-delà* legt sich in einem schwer zu übertragenden Wortspiel sowohl in den *Schritt jenseits* als auch in ein *Kein Schritt jenseits!* aus; die deutsche Übersetzung ist bei diaphanes in Vorbereitung.]

7 In *Faux Pas* ([Paris] 1943, S. 40) liest man in Bezug auf William Blake folgende eingeschobene Frage: »Wenn er im Alter von vier Jahren Gott an seinem Fenster gesehen hat, dann als dichterisches Genie, frühzeitig dazu aufgerufen, die banalen Erscheinungen zu zerbrechen, oder drückt seine Vision einen tieferen Ausbruch aus, ein Hellsehen von noch anderem Wesen?« Ich danke Daniela Hureznau für diesen wertvollen Hinweis.

8 [Vgl. »Eine Urszene [Zu Narziss]«, *supra*.]

9 [Vgl. Blaise Pascal, »Mémorial«, in: *Œuvres complètes*, hrsg. von Jean Chevalier, Paris 1954, S. 553f.: »Joie, Joie, Joie, pleurs de joie« (»Freude, Freude, Freude, Tränen der Freude)«. Das *Mémorial* war ein Pergament, darauf ein von Pascal in Erinnerung an die Nacht des 23. November 1654 verfasster kurzer Text, und in das Pergament eingefaltet ein Papier, das eine Kopie dieser ›Erinnerung‹ trug. Der Text, der den »Gott Abrahams [...] Isaaks, [...] Jakobs« anruft, und nicht den der »Philosophen und der Weisen« notiert den mit »FEUER« betitelten Einbruch der Gottesnähe als Umkehr aus einer Gottesferne, deren Endpunkt in dieser Nacht sich wie folgt liest: »Gewissheit. Gewissheit. Empfindung: Freude, Frieden« (ebd., S. 554); in einer weiteren Kopie der Pergament-Version ist hier das ›mystischere‹ Element der »Schau« (»vision«) eingefügt. Zu diesem Text und seiner Deutung vgl. Henri Gouhier, *Blaise Pascal. Com-*

mentaires, Paris 1966, S. 11–65 und Ewald Wasmuth, *Der unbekannte Pascal. Versuch einer Deutung seines Lebens und seiner Lehre*, Regensburg 1962, S. 85–109, dort auch eine Übersetzung des Memorials, S. 104f. Blanchot hat diesen Text in einem wichtigen Aufsatz – »La main de Pascal« (»Die Hand Pascals«) – zu Beginn der vierziger Jahre kommentiert und an ihm sein Sprach-und-Erfahrungs-Denken scharf umrissen; vgl. *La part du feu*, Paris 1949, S. 249–262, insbes. S. 258. In deutscher Übersetzung erscheint der Aufsatz in der Sammlung *Das Neutrale*, Zürich-Berlin 2009].

10 [Vgl. Jacques Lacan, *Die Ethik der Psychoanalyse, (Das Seminar, Buch VII)*, übers. von Norbert Haas, Weinheim/Berlin 1996, S. 293–343.]

11 [vgl. *supra*, »Ein Kind wird getötet (Fragmentar)«.]

12 [ebd.]

13 [Vgl. Donald Winnicott, »Die Angst vor dem Zusammenbruch«, *supra.*]

14 [Winnicott spricht von »primitive agonies«, was man mit »Uragonien« übersetzen kann, auch um das sich zwischen der »Urszene« und der »agonie primitive« durchziehende Element herauszustellen; im Englischen wird die »Urszene« freilich mit »primal scene« und nicht »primitive scene« übersetzt.]

15 [vgl. *supra*, »Ein Kind wird getötet (Fragmentar)«.]

16 [ebd.]

17 [Vgl. Philippe Lacoue-Labarthe, »Fidelités«, in: *L'animal autobiographique. Autour de Jacques Derrida*, hrsg. von Marie-Louise Mallet, Paris 1999, S. 215–230.]

18 [Vgl. Georges Bataille, *Die Innere Erfahrung* nebst *Methode der Meditation* und *Postskriptum 1953 (Atheologische Summe I)*, übers. von Gerd Bergfleth mit einem Nachwort von Maurice Blanchot, Berlin 1999, S. 19. Bataille verweist darauf, diesen Gedanken einer Unterhaltung mit Blanchot zu schulden (ebd., Anm.); dieser wiederum besprach Batailles Buch kurz nach seinem Erscheinen im *Journal des Débats* (5. Mai 1943, S. 3; wiederabgedruckt in *Faux pas*, S. 47–52 / »Die innere Erfahrung«, in: Bataille, *Die innere Erfahrung*, S. 277–284.)]

19 Vgl. Philippe Lacoue-Labarthe, »Die Zäsur des Spekulativen«, in: *Die Nachahmung der Modernen*, übers. von Thomas Schestag, Basel/Weil am Rhein und Wien 2003, S. 37-66.]

20 [vgl. *supra*, »Ein Kind wird getötet (Fragmentar)«.]

21 [ebd.]

22 [Vgl. neben vielen anderen Texten insbesondere Friedrich Nietzsche, »Ueber Wahrheit und Lüge im aussermoralischen Sinne«, in *Kritische Studienausgabe*, Bd. 1, hrsg. von Giorgio Colli und Mazzino Montinari, Berlin/New York/München 1988, S. 873-890; vgl. die Übersetzung von Philippe Lacoue-Labarte und Jean-Luc Nancy: Friedrich Nietzsche, »Rhétorique et langage«, *Poétique* 5, Paris 1971.]

23 [Vgl. Freud, *Totem und Tabu. Einige Übereinstimmungen im Seelenleben der Wilden und der Neurotiker, Gesammelte Werke*, Bd. 9.]

24 [Vgl. Jacques Lacan, *Television*, übers. von Hans-Joachim Metzger, Jutta Prasse und Hinrich Lühmann, Weinheim/Berlin 1988 und *Séminaire XVII. L'envers de la psychanalyse* (1969-1970), Paris 1991, S. 117-136.]

25 [Vgl. Maurice Blanchot, »Le regard d'Orphée«, in: *L'espace littéraire*, Paris 1955, S. 225-232, insbesondere S. 225-228.]

Michael Turnheim

Kommen und Gehen des Todes

Winnicott am Anfang von *Fear of Breakdown*: Sollte das, was ich zu sagen habe, etwas Wahres an sich haben, so werden Dichter es schon vor mir gesagt haben – *flashes of insight* der Poeten, deren Gültigkeit der Analytiker erst nachträglich zu begründen vermag; Leichtigkeit des Dichtens, die der schrittweise sich voranarbeitenden Analyse versagt bleiben muss.[1] Schon bei Freud konnte man über den »großen Dichter« Goethe lesen: »Und man darf wohl aufseufzen bei der Erkenntnis, dass es einzelnen Menschen gegeben ist, aus dem Wirbel der eigenen Gefühle die tieferen Einsichten doch eigentlich mühelos heraufzuholen, zu denen wir anderen uns durch qualvolle Unsicherheit und rastloses Tasten den Weg zu bahnen haben.«[2] Interessant ist, dass Freud Ähnliches über Nietzsche sagt, wenn er den »intuitiv gewonnenen Einsichten des Philosophen« seine eigene »müheselige psychoanalytische Forschung« gegenüberstellt.[3] Dichter und zumindest manche Philosophen (Nietzsche, Schopenhauer: Dichter-Philosophen), meint Freud, haben es leichter als die analytischen Theoretiker.

Blanchot, auch ein Dichter-Philosoph, setzt sich in *L'écriture du désastre* mit zwei psychoanalytischen Texten auseinander. Hat er seine Ideen »mühelos heraufgeholt«? Das wird, wie schon bei Goethe und Nietzsche, schwer zu entscheiden sein. Was beeindruckt, ist etwas anderes, nämlich die Bereitschaft, stehen zu lassen, was nicht in klassische Logik passt, und insofern würde Blanchot tatsächlich weniger »gearbeitet« haben als der Theoretiker, mit dem Freud sich identifizieren wollte. Lieber das Gesagte sich verlöschen lassen (»X ohne X«, »Logik ohne Logik«) als stolz Widersprüche beseitigen. »Erfahrung oder Leidenschaft eines Denkens, das sich bei keiner Seite des Gegensatzes aufzuhalten vermag ohne deswegen den Gegensatz aufzuheben«.[4] Ausdrücke wie »nicht dialektische Forderung« zeigen, dass Blanchot es so gewollt hat. Dahinschwinden einer »noch zu mächtigen Sprache«[5]: statt starkem Denken *über* das Andere (den Wahnsinn, den Tod) ein durch den *Einlass* des Anderen geschwächtes Denken, weniger gewaltig, gleichzeitig aber auch weniger gewaltsam.[6]

Wir tun uns schwer mit der Negativität, schreibt Nancy,[7] und das heißt auch und vor allem: Wir tun uns schwer mit dem Tod, mit der altbekannten Schwierigkeit, den Tod zu denken. Irgendwie vertrauen wir dieser Schwierigkeit (Heidegger: das Leben ist wesentlich schwer, und das hat mit dem Tod zu tun[8]), oder zumindest einer bestimmten Form von Schwierigkeit, nicht mehr ganz – was nicht unbedingt bedeutet, dass alles damit leichter wird. Blanchot verzichtet darauf, die alte Schwierigkeit des auf sich genommenen Todes zur Quelle von Stärke zu machen – Passivität statt Negativität (D 48 [39f.]), Weigerung, den Tod als Negativität für den Sinn arbeiten zu lassen. Wie andere geht Blanchot davon aus, dass es ein Sterben im Leben gibt. Die Frage ist, was damit anzufangen ist. Für Blanchot, im Gegensatz zu demjenigen, was manche Philosophen und Analytiker meinen, weniger als man denkt (D 182 [145f.]). Man kann das unvordenkliche Sterben nur wirken lassen, beispielhaft im Schreiben, was keiner Aufhebung des Negativen entspricht. Blanchots Auseinandersetzung mit Leclaire und Winnicott hat damit zu tun.

*

In *Sein und Zeit* liest man: »Das Vorlaufen erschließt der Existenz als äußerste Möglichkeit die Selbstaufgabe und zerbricht so jede Versteifung auf die je erreichte Existenz. Das Dasein behütet sich, vorlaufend, davor, hinter sich selbst und das verstandene Seinkönnen zurückzufallen und ›für seine Siege zu alt zu werden‹ (Nietzsche)«.[9] Einerseits Versteifung und Zualtwerden für das, was das Leben bringen mag, andererseits Selbstaufgabe durch das Aufsichnehmen jener »äußersten Möglichkeit«, welche bei Heidegger Tod heißt. Der Einschluss des Schweren, des Todes ins Leben macht das Leben nicht leichter, aber dafür umso reicher. Man gibt alles her oder auf und gewinnt dadurch anderes, einen größeren Reichtum als das trügerische Besitzen der je erreichten Existenz.

Serge Leclaire interessiert sich im ersten Kapitel von *On tue un enfant* für Versteifungen des Lebens (vgl. Kürnberger: »Das Leben lebt nicht«[10]), die dadurch entstehen, dass etwas den Weg verstellt. Was uns im Weg steht, lautet die These, sind wir selbst, genauer (und anders als Heidegger, der von hier ab eine Überschreitung der strengen Grenzen der »Analytik des Daseins« konstatieren würde): was wir für den anderen waren oder glauben gewesen zu sein, für die Eltern, und zunächst einmal für die Mutter. Für sie waren wir das wunderbare Kind, das uns seither als »Repräsentanz des primären narzisstischen Repräsentanten« bewohnt. Solche Identifizierung mit dem Objekt des Begehrens der Mutter hat uns schon vor unserer Geburt zu Unsterblichkeit verurteilt. Das wunderbare und gleichzeitig Schreck erregende Kind in uns verspricht ewiges Leben, erzeugt aber Tod. Es verödet das Begehren und hindert uns am wahrhaften Sprechen.

Sollen wahres Sprechen und Leben möglich werden, muss das Kind getötet werden. Weil die Vorstellung des Objekts des Begehrens des anderen aber, so zumindest Leclaire, dem Urverdrängten angehört, ist der notwendige Kindesmord auch unmöglich. Diese Gleichzeitigkeit von Notwendigkeit (es soll so sein – Notwendigkeit hinsichtlich eines anzustrebenden Ziels) und Unmöglichkeit (es kann nie ganz so sein, denn nur die Abkömmlinge des Urverdrängten sind der Analyse zugänglich) bewirkt, dass das geforderte Opfer des wie bei einer Hydra immer wieder auferstehenden Kindes jeden Tag von Neuem begonnen werden muss.

Die im Diskurs des Analysanden auftauchenden Mordphantasien (Tötung von Vater, Mutter, Bruder oder eines Tiers) zeugen bereits von einer Weigerung, sich dem eigentlich zu Tötenden, dem wunderbaren Kind, zu nähern. Von der gängigen französischen Übersetzung von Freuds Formel »Ein Kind wird geschlagen«, *On bat un enfant*, gelangt Leclaire zu *On tue un enfant*, ins Deutsche zurückübersetzt: »Man tötet ein Kind«. Ohne es sich einzugestehen, will der Analysand den Analytiker dazu bringen, das Messer anzusetzen. Ohne es zu wissen, verlangt er die Opferung des Kindes, das er gewesen zu sein glaubt. Erst durch die Vollstreckung dieses »ersten Todes« (zu unterscheiden vom »zweiten«, »organischen«, mit dem er üblicherweise verwechselt wird) kann das Subjekt in jenen Bereich »zwischen zwei Toden« eintreten, wo es authentisch zu leben vermag.[11] Erreicht wird dadurch das legitime Glänzen eines Sterns (lebendiges Leben) am Hintergrund von Nichts[12] (durch den Kindesmord freigelegter Platz, andere würden sagen: »Kastration der Mutter«).

*

Die Unterscheidung zweier Tode übernimmt Leclaire von Lacan, bei dem sie allerdings innerhalb eines weiteren theoretischen Kontexts fungiert. Lacans Auffassung des Todes hängt von dem auf Hegel und

Mallarmé zurückführbaren Motiv der Vernichtungskraft von Sprache ab. Was es gibt, ist erst jenseits der durch Sprache bewirkten Abschaffung (»Mord des Dings«[13]) wiedererstanden und nur das »wahre Sprechen« vermag das Hindurchgehen durch Vernichtung jenem Vergessen zu entreißen, welchem es für gewöhnlich anheim fällt. Lästiges terminologisches Problem: Leclaire meint mit dem Ausdruck »zweiter Tod« genau das, was Lacan vor ihm als »ersten Tod« bezeichnet hat (in Heideggers Terminologie: das »Ableben«), während sein »erster Tod« in etwa (aber nicht genau) dem entspricht, was bei Lacan »zweiter Tod« heißt, nämlich ein durch das »Symbolische« bestimmtes, spezifisch menschliches Verhältnis zum Tod. Insofern dieser zweite Tod (in Lacans Ausdrucksweise, an die ich mich künftig halten werde: »der, welcher das Leben trägt«), im Gegensatz zum »organischen« ersten (»der, den das Leben in sich trägt«)[14] einer Abhebung vom Gegebenen zugeordnet wird, kann er jenseits der organischen Lebensspanne seine Wirksamkeit ausüben. In diesem Sinn interessiert sich Lacan – anders als Leclaire – an den Stellen, wo er vom »zweiten Tod« spricht, vor allem für die durch das Symbol entstehende Möglichkeit, sich ein Nachleben vorzustellen: einerseits Streben nach Selbstzerstörung als Weg zur eigenen Verewigung,[15] andererseits Phantasma der Unsterblichkeit des anderen als Voraussetzung der ihm gewünschten ewigen Qualen. Schon früher hatte Lacan von den ebenfalls diesem Komplex zugehörenden Klagen mancher Melancholiker gesprochen, in deren Wahn das Fehlen von Organen mit der unerträglichen Verewigung des Lebens einhergeht (*syndrome de Cotard*).[16] Obwohl solche Vorstellungen vom Wirken des Symbolischen abhängen, wird die Faszination, welche sie ausüben, durch die Unmöglichkeit erzeugt, die Grenze des zweiten Todes im Sinn einer Anerkennung von Endlichkeit zu überschreiten.[17] In allen diesen Fällen wird der Name im Sinn verewigender Ablösung vom Realen wirksam und erzeugt gleichzeitig aufgrund der Weigerung, die dadurch ermöglichte Zerstörung des subjektiv jeweils Gegebenen (d.h. dessen, was ich zu sein mir vorstelle) mitzudenken, ungeregelte Vernichtung.

Sieht man von der klinisch-analytischen Terminologie ab, findet man Ähnliches bei Blanchot, speziell in einer früheren Phase des Werks.[18] Diese Nachbarschaft geht vermutlich auf eine gemeinsame Wurzel zurück, nämlich die Hegel-Vorlesungen von Kojève, die von Lacan und vielen anderen, darunter Blanchots Freund Bataille, besucht wurde. In Blanchots *La littérature et le droit à la mort*[19] liest man zum Beispiel über Literatur, Revolution und Terror: »Die Literatur betrachtet sich in der Revolution, sie rechtfertigt sich in ihr, und wenn man sie *Terror* genannt hat, so deshalb, weil sie sehr wohl in jenem historischen Moment ihr Ideal hat, wo das Leben den Tod erträgt und in ihm sich erhält, um von ihm die Möglichkeit und die Wahrheit des Sprechens *(parole)* zu empfangen.«[20] Der zu sterben bereite Revolutionär negiert wie der – hier noch mit dem »wahren Sprechen« verbundene – Schreibende das Reale und wird dadurch zum Zeugen einer Wahrheit, die man im Alltag beiseite schiebt. Ein paar Seiten weiter heißt es – und hier ist man ganz nahe bei Lacans Unterscheidung zweier Tode: »Solange ich lebe, bin ich ein sterblicher Mensch, aber wenn ich sterbe, bin ich, weil ich nicht mehr Mensch bin, auch nicht mehr sterblich, ich bin nicht mehr imstande zu sterben, und der Tod, der sich ankündigt, versetzt mich in Schrecken, weil ich ihn sehe, wie er ist: nicht mehr der Tod, sondern die Unmöglichkeit zu sterben.«[21] Der bevorstehende Tod kündigt meine eigene, mich entmenschlichende Verewigung an, und davor (d.h. nicht einfach vor dem Ende des Lebens, sondern vor dem Ausbleiben dessen, was Lacan als »zweiten Tod« bezeichnet) habe ich Angst. Sowohl bei Lacan als auch bei Blanchot geht es um die Behauptung eines spezifisch menschlichen, an die Sprache gebundenen Verhältnisses zum Tod, die auch Heideggers Unterscheidung zwischen menschlichem »Sterben« und tierischem »Verenden« zugrunde liegt.

Bestenfalls leben wir aufgrund der Anerkennung der Unmöglichkeit, die beiden auf den Tod sich beziehenden Grenzen – symbolischer Tod einerseits, organisches Sterben andererseits – zur Deckung zu bringen, wie tragische Helden »zwischen zwei Toden«,[22] d.h. innerhalb eines organisch endlichen Lebens, welches dem durch das Symbolische bewirkten »zweiten Tod« nicht den Zugriff versagt hat. Um den Geboten des Symbolischen folgen zu können, sollte das Subjekt imstande sein, sich selbst als »Nichts« zu repräsentieren, und je weniger es dazu gelangt, desto grausamer wird es die nichtsdestoweniger wirkende Vernichtungskraft des Namens nachträglich erfahren. Lacans Formel von der »Unmöglichkeit, die beiden Tode zur Deckung zu bringen« – genauso wie Leclaires »Nicht-Verwechslung« der beiden Tode – impliziert die Möglichkeit eines »Arbeitens« der

Negativität innerhalb des als Netz aufgefassten Symbolischen. Mein Vermögen, meine Abwesenheit zu denken, öffnet mir den Weg zu Sprechen und Begehren.

Leclaire greift eigentlich nur einen bestimmten Aspekt von Lacans Äußerungen über die zwei Tode auf, nämlich die Idee, dass wahrhaftes Sprechen und Begehren vom »Übernehmen« des Todes abhängen, betont dann allerdings in interessanter und eigenständiger Weise vor allem die aus der Unauslöschbarkeit der »Repräsentanz des primären narzisstischen Repräsentanten« resultierende Unendlichkeit dieser Aufgabe. Daher die von Blanchot zitierte Formel »unmöglich notwendig« – wobei es freilich, wie man sehen wird, fraglich bleibt, ob beide darunter das gleiche verstehen.

*

Was sagt Winnicott? Wie in anderen seiner Texte geht er von *schweren* (klinisch gesprochen: zumeist psychotischen) Fällen aus, deren Deutung aber dann doch eine letztlich *allgemein* gültige Radikalisierung der analytischen Sichtweise ermöglichen soll. Winnicott betont, dass dasjenige, was wir in den von ihm untersuchten Fällen beobachten können, nämlich eine »Furcht vor Zusammenbruch«, immer schon einer Abwehrorganisation in Bezug auf zugrunde liegende »Agonien« entspricht, die ihrerseits *undenkbar* sind und denen der Begriff der Kastration nicht gerecht wird. Die zentrale These lautet, dass das, was uns auf der Ebene der Phänomene als Angst vor dem Zusammenbruch begegnet, sich als Angst vor etwas erweist, das tatsächlich schon geschehen ist *(has already been)*, aber aufgrund seiner Vorzeitigkeit nicht eigentlich erlebt werden konnte.[23] Die nicht auf die gängigen Auffassungen des Unbewussten reduzierbare Eigenart der Konstellation würde darin bestehen, dass dem Subjekt in seiner Frühgeschichte ein Zusammenbruch zugestoßen ist, ohne dass eine Instanz (das *ego*) imstande gewesen wäre, das Ereignis zu »umfassen« *(encompass)* oder zu »versammeln« *(gather)*. Weil nur dasjenige, was im gegenwärtigen Erlebnis *(experience)* versammelt wird, zu Vergangenheit werden kann, wird der Patient seltsamerweise von etwas heimgesucht, das ihm zwar zugestoßen ist, das er sich aber nicht anzueignen vermochte. Es war kein Trauma, weil nichts geschah, als etwas hätte geschehen sollen. Wie immer bei Winnicott wird das Pathologische durch das Scheitern des Zusammenspiels zwischen dem notwendig Ungünstigen des Lebens und einer hilfreichen Umgebung (in anderen Texten: *good enough mother*) erklärt.

In der Kur ist anzustreben, das in einer frühen Phase des Lebens bereits Geschehene jetzt, in der analytischen Übertragungssituation, endlich und zum ersten Mal zum Erlebnis werden zu lassen, *hic et nunc*. Und zwar, wie Winnicott meint, als Reaktion auf die »Irrtümer und Fehler« des Analytikers, die den Patienten, wie schon seine frühe Umgebung, (un)glücklicherweise neuerlich mit seiner Furcht vor dem Zusammenbruch konfrontieren, jetzt aber Anlass zu einem Äquivalent »klassischen« neurotischen Erinnerns erhoben werden können. »Der Patient muss sich daran ›erinnern‹, aber es ist unmöglich, sich an etwas zu erinnern, das noch nicht geschehen ist, und dieses vergangene Geschehen ist noch nicht passiert, weil der Patient noch nicht da war, damit es geschehen könnte.« Winnicott geht dann von »der Furcht vor dem Zusammenbruch« zur Todesfurcht über, die in analoger Weise auf einem »geschehenen, aber nicht erlebten Tod« beruht. Das bei manchen Patienten beobachtbare Leeregefühl wird ebenfalls auf frühes Ausbleiben des entsprechenden Erlebnisses zurückgeführt. Von hier aus gelangt man zur allgemeinen Formel, wonach »nur aus der Nicht-Existenz die Existenz ihren Anfang nehmen kann«,[24] womit so etwas wie die auf einem Erlebnis beruhende Einschreibung einer Negativität als Voraussetzung jeglicher Erfahrung gemeint zu sein scheint.

Es überrascht nicht, dass Winnicott und Leclaire zu Überlegungen über den Selbstmord als möglichem und zugleich trügerischem Ausgang der von ihnen beschriebenen Lebenssituationen gelangen. Für Leclaire[25] hätte ich, um zu leben, nicht *mich* (organisch), sondern den primären narzisstischen Repräsentanten zu töten oder zumindest seine Abkömmlinge zu negieren. Weil man nicht einsehen will, dass das Leben in genau dem Maß nicht lebt, als es dem Tod ausweicht, bereitet man der Leblosigkeit durch den organischen Tod ein Ende. Was heißt, dass der Selbstmord auf der Verabsolutierung der gängigen Verwechslung von erstem und zweitem Tod beruht. Für Winnicott[26] beruht der Selbstmord darauf, den Körper in jenen Tod zu schicken, den die Psyche, ohne es zu wissen, schon erlitten hat. Man tötet sich, weil man sich aufgrund der Verfrühtheit des Geschehenen nicht daran zu erinnern vermag, dass man den Tod schon erlitten hat.

Leclaire und Winnicott gehen also beide davon aus, dass dasjenige, was als existent gelten soll, *ex nihilo* entstanden sein muss, und dass das für die normale Erfahrung notwendige Nichts irgendwie vom Subjekt (oder: *als* Subjekt) geschaffen werden muss (Leclaire: »Kindesmord«; Winnicott: »Nicht-Existenz«). Aber diesseits dieses geforderten Prozesses findet man bei Leclaire eine nicht direkt zugängliche »urverdrängte« Vorstellung, bei Winnicott ein nicht erlebtes und somit auch nicht zu Vorstellbarkeit gelangtes Geschehnis.[27] Dort wo Leclaire die Negativierung von bereits Bestehendem fordert (»notwendige Zerstörung der primären narzisstischen Repräsentation«, »ebenso gebieterisch wie unausführbar«[28]), will Winnicott bereits Geschehenem (»Tod« ohne Erlebnisinschrift) einen Grund verschaffen.

Blanchot: »Ich werde eine Bemerkung, eine Frage anfügen: Das Kind Leclaires, das glorreiche, schreckliche, tyrannische Kind, das man insofern nicht töten kann, als man nur dadurch, dass man nicht aufhört, es in den Tod zu schicken, zu einem Leben und Sprechen gelangt, könnte es nicht genau das Kind Winnicotts sein, dasjenige, das, bevor es lebte, dem Sterben verfallen war, das tote Kind, das kein Wissen, keine Erfahrung in der bestimmbaren Vergangenheit *seiner* Geschichte zu fixieren vermag?«[29] Was meint diese seltsame Gleichung? Blanchot greift Leclaires Forderung des niemals endgültig erledigten Tötens (»notwendig unmöglich«) und Winnicotts Postulat der Vorzeitigkeit (»unerlebtes Erleben«) zustimmend auf, weigert sich jedoch in beiden Fällen, sie einem lösbaren (oder teilweise lösbaren) Problem zuzuordnen (selbst wenn er die therapeutische Wirksamkeit der vorgeschlagenen Lösungen nicht bestreitet). Leclaires »notwendig unmöglich« meint bei Blanchot nicht mehr die notwendige Unerreichbarkeit des Ideals vollständiger Tötung, sondern ein passives und unpersönliches (d. h. entsprechend Winnicotts Ausdruck: »unerlebtes«) Sterben. Und insofern dieses Sterben, weil es unvermeidlich und unvordenklich (d. h. entsprechend Leclaires Ausdruck: »notwendig unmöglich«) ist, auch nicht datierbar sein kann, wird Winnicotts Versuch, es einem bestimmten Moment der Kindheit zuzuordnen, als bereits fiktive Einkleidung eingestuft. Was Blanchot Desaster nennt, meint die gleichzeitige Unvordenklichkeit und Unergiebigkeit des Todes. Unvordenklichkeit: »Sterben heißt: gestorben, das bist du schon, in einer unvordenklichen Vergangenheit, eines Todes, der nicht der deine war, den du folglich weder gekannt noch erlebt hast […]«.[30]

Unergiebigkeit: »Das Desaster bringt uns um die Zuflucht, welche das Denken des Tods darstellt«.[31]

Den Selbstmord deuten Leclaire und Winnicott, wie man gesehen hat, von zwei verschiedenen Seiten her als Folge der Unfähigkeit, den Tod in die Ökonomie des Lebens zu integrieren, d. h. ihn zu »dialektisieren«. Für Blanchot dagegen stellt er eher einen hyper-dialektischen Akt dar (»Möglichkeit des Todes«, »Gebrauch des Todes als Können«), der am Nicht-Kommen des Sterbens scheitert und von einer Art Verrücktwerden der Todesphilosophien zeugt: Widerlegung der Dialektik im Augenblick ihrer Erfüllung, Umschlagen der Heideggerschen »Möglichkeit der Unmöglichkeit« in »Unmöglichkeit der Möglichkeit«.

*

Dass der Tod nicht mehr nur als Element der Arbeit zum Wissen beitragen soll, war bekanntlich Batailles Einwand gegenüber Kojève, vgl. zum Beispiel seine Vorbehalte bezüglich der Auffassung des Mystizismus: »Hier unterscheidet sich meine Interpretation ein wenig von derjenigen Kojèves.«[32] Für Kojève fliehen Ästhet, Romantiker und Mystiker vor der Vorstellung des Todes und »sprechen vom Nichts selbst wie von etwas, das *ist*« – das heißt undialektisch. Einverstanden, antwortet Bataille – aber wie steht es mit einem »bewussten Mystizismus«, der zwar nicht bestreitet, dass hier das viel versprechende Nichts zu einem trägen Etwas wird, gleichzeitig aber behauptet, dass es so sein muss? Am Ende der Geschichte bleibt eine beschäftigungslose Negativität (die berühmte *négativité sans emploi* aus dem Brief an Kojève vom 6. 12. 1937[33]) zurück, »die kein Aktionsfeld mehr« hat. Der »bewusste« Mystiker weiß, dass er sterben muss, schaut, wie Hegel es fordert, »dem Negativen ins Angesicht«, weiß aber zugleich auch, dass er es nie durch Aufhebung in Sein wird verwandeln können »und verbleibt in der Ambiguität«. Könnte sich nicht Hegels »absolute Zerrissenheit« erhalten, ohne im Sinn der Aufhebung zu arbeiten und dadurch auf eine bloße Durchgangsperiode reduziert zu werden?[34] Was Bataille hier vorschwebt, ist nicht als »abstrakte Negation« einzustufen (der Hegel die »Negation des Bewusstseins, welches so *aufhebt*, dass es das Aufgehobene« *aufbewahrt* und *erhält* und hiermit sein Aufgehobensein überlebt«, entgegensetzt),[35] sondern zielt, wie Foucault später sagen wird, auf

»nicht positive Affirmation« ab.[36] Der Mensch »müsste leben im Augenblick, wo er wirklich stirbt«, und weil das ausgeschlossen ist, gibt es die Notwendigkeit einer »Ausflucht«: Spektakel, Fiktion, Lektüre, Scheinhandlung *(simulacre)*;[37] gewollte Sinnlichkeit (bei Hegel wäre sie – durch das Dominieren des Diskursiven – ungewollt). Batailles ganzes Bemühen richtet sich darauf, zu zeigen, dass das Zusammentreffen von Lust und Tod (z. B. im irischen *Wake*; in der Erotik, in der sich Verbot, Tod, Opfer und Lust als untrennbar erweisen: tödliches Genießen) nicht auf einer Verneinung des Todes beruht.[38]

Auch für Blanchot kann der Tod nicht »verarbeitet« werden, aber nichts weist in *Désastre* darauf hin, dass eine Ausflucht (Fest, Opfer) an die Stelle dieser Unmöglichkeit treten soll.[39] Nur Sterben, »unvordenkliche Vergangenheit unseres Todes«[40]. Statt Batailles' Genussimperativ eine Art Schwelgen im notwendig »Unlogischen« rund um den Tod und das Schreiben: »Schreiben heißt den immer schon geschehenen Tod nicht mehr in die Zukunft verlegen, sondern ihn zu erleiden bereit sein, ohne ihn gegenwärtig zu machen und ohne sich ihm gegenwärtig zu machen, wissen, dass er stattgefunden hat, obwohl er nicht erlebt worden ist, und ihn erkennen im von ihm hinterlassenen Vergessen, dessen sich auslöschende Spuren auffordern, sich herauszunehmen aus der *kosmischen Ordnung*, dort wo das Desaster das Reale unmöglich und das Begehren nicht begehrenswert macht.«[41]

Warum kreist Blanchots Denken, seine »Logik ohne Logik« beständig um den Tod? Oder, um es anders zu sagen: Worin besteht die »Einzigartigkeit«[42] des Todes? Für Heidegger hängt das mit der »Jemeinigkeit« des Todes zusammen – niemand kann »für mich« sterben. Hält man sich dagegen an Freud, so strukturiert der Tod des anderen als »erster«, als Trauer, das Verhältnis zu mir selbst, d. h. auch jegliche Jemeinigkeit. Auch das »Möglichsein« des Todes erweist sich als zweiseitig – es betrifft bei Heidegger einerseits das, was unangekündigt kommt, was erwartet wird (»Bevorstand«, nicht »Ausstand«), und andererseits ein Vermögen, ein Können, eine Mächtigkeit.[43] Derrida hat bekanntlich die berühmte Todesformel aus *Sein und Zeit* – der Tod als »die Möglichkeit der schlechthinnigen Daseinsunmöglichkeit«[44] – eigenartig, mit und gegen Heidegger, interpretiert. Sie könnte, sagt er, gleichzeitig mit dem geforderten »Übernehmen« des Todes als Möglichkeit der Unmöglichkeit des Daseins auch das mögliche Enden dieser Möglichkeit des Todes als Macht und Können und somit auch die Möglichkeit des Schwindens der durch das Übernehmen des Todes erzeugten Grenzen meinen – beides zugleich: Heideggers aporetische Sichtweise (Widersprüchlichkeit der »Möglichkeit der Unmöglichkeit«, Möglichkeit *als* Unmöglichkeit[45]) *und*, darüber hinaus, das Nicht-mehr-Zustandekommenkönnen der Aporie. »Kommen und Gehen« des Todes.[46] Die methodologische Ordnung, die Heidegger in *Sein und Zeit* entwickelt – die Sichtweise des Todes gemäß der »Analytik des Dasein« sei allen anderen Wissensformen »vorzuordnen« – ist unwiderlegbar, *außer* vielleicht beim Tod, der sie bedingt, wodurch dann das Vorordnen wiederum in Frage gestellt wird. Der Tod ist gerade dadurch einzigartig, dass er nicht mehr ein Fall dessen ist, was er möglich macht.[47] Er stellt die Bedingung der relativen Beständigkeit des jeweils Kontingenten dar, auch noch von Heideggers Analytik des Daseins. Was heißen würde, dass die Dialektik und die Analytik des Daseins sich das sie Ermöglichende wieder einverleiben wollen und später von dem sie derart bewohnenden Fremden heimgesucht werden.

»Linien ziehen und sie zugleich auslöschen«[48] – mit Luhmann könnte man sagen: Bei Derrida beobachten wir die Beobachtung der Herstellung des paradoxen Heideggerschen Todesdenkens, d. h. die Beobachtung der Möglichkeit dieses Denkens, seiner Wirksamkeit, zugleich aber auch seiner Kontingenz, der Möglichkeit seines Verlöschens. »Ein weiterer [das heißt dritter] Beobachter (und das sind wir in diesem Moment) könnte daher sehen, dass der Beobachter zweiter Ordnung [in diesem Fall Derrida, M.T.] die Unterscheidung von Paradoxie/Entparadoxierung verwendet, um seine eigene Paradoxie aufzulösen, nämlich in diesem Falle: sie zu temporalisieren in ein Nacheinander von Problem (Paradoxie) und Problemlösung (Entparadoxierung).«[49] Anstelle Luhmanns Entparadoxierung findet man bei Derrida, und das ist trotz aller Nähe freilich nicht genau das gleiche, das Nichtmehrzustandekommen der Aporie, das er von Heideggers Aporie unterscheidet. Blanchots »unmögliches Sterben«, die »bedauernswerte Unmöglichkeit zu sterben«,[50] hat mit dieser Destabilisierung des Heideggerschen Denkens zu tun. Notieren wir noch, dass es bei Luhmann eine Art Schwinden des Aufschwungs gibt, das an Blanchot erinnert: »Entscheidend ist, dass man auch im Beobachten von Beobachtungen die kennzeichnenden Merkmale des Beobachtens nicht verliert und nicht in Richtung auf ›Höheres‹ hinter sich lassen kann.«[51]

*

In seine Gedanken über die Psychoanalyse fügt Blanchot die Erzählung einer »Urszene« ein, die den Anspruch zu erheben scheint, diesseits der therapeutischen Problemlösung der Analytiker das unvermittelte Erleben des Sterbens zu betreffen: Mit sieben oder acht Jahren Blick durchs Fenster, der gewohnte Himmel, und dann: der gleiche Himmel öffnet sich, absolut schwarz und leer, Abwesenheit, »Schwindel erregendes Wissen, dass nichts ist, was es gibt, und zuerst einmal nichts jenseits«. Glückstränen, Geheimnis. Für solche frühe nichtanalytische »mystische« Erfahrungen ergeben sich zwei Deutungen, die gegensätzliche Richtungen einschlagen. Beide Male geht man davon aus, dass das elementare Erlebnis nichts Ursprüngliches darstellen kann, stuft es dann aber entweder als bereits fiktive Verarbeitung des Unvordenklichen (Lacoue-Labarthe) oder als trügerische Verhüllung des Trennenden (Millot) ein.

Für Lacoue-Labarthe muss die Erzählung der »Urszene«, entsprechend Blanchots eigener Lektüre von Winnicotts Text, bereits als fiktive Einkleidung des unvordenklichen Todes angesehen werden – wie im Übrigen alles andere, was das Abendland hervorgebracht hat: Literatur, Philosophie und Psychoanalyse als Varianten des »Arbeitens der Negativität«. Dass Blanchot selbst es so gedacht hat, würden die nach der Erstpublikation hinzugefügten Modifikationen – Fragezeichen, Klammern (»*(Une scène primitive?)*«) und einige Zeilen weiter die Streichung des Wortes »*primitive*« – anzeigen. »Die Vorgängigkeit des vorgängigen Todes, des Sterbens oder der Agonie, verbietet jede Anfänglichkeit.«[52] Die »Urszene« war keine Urszene, und die psychoanalytische Praxis würde sich *nolens volens* darauf beschränken, das Unvordenkliche als Negativität in die therapeutische Arbeit einzuspannen.

In dieser selben »Urszene« glaubt die Analytikerin Catherine Millot ihre eigenen Kindheitserinnerungen und spätere mystikartige Erlebnisse von Verlassenheit wiederzuerkennen, mit denen sie sich dann rückblickend »postanalytisch« beschäftigt. Millots Buch wird geplagt von der Frage, was mit diesen faszinierenden Erlebnissen von Leere und Verlassenheit, die unabhängig von der analytischen Arbeit auftreten, anzufangen ist. »Wollen wir wirklich Tröstung? Etwas im Menschen zieht die Wüste vor, strebt Nacktheit an, will sich in die Nacht einer Einsamkeit einbohren, die in ihrer Unverständlichkeit, ihrem Geheimnis, ihrer Rätselhaftigkeit nur uns selbst gehören würde.«[53] Wie kann man solche solitären Erlebnisse ihrer Faszination berauben? Aber auch: Warum sollten solche Momente des Untertauchens und Wiederauftauchens ihr Faszinierendes verlieren? Wird nicht auch die Psychoanalyse von Phantasmen der Wiedergeburt genährt? Jenseits solcher Fragen vermutet Millot hinter ihren eigenen (»voranalytischen«) Erfahrungen von Ekstasen gleichzeitiger Seligkeit und Hilflosigkeit letztlich das Wirken Freudscher »Vatersehnsucht«. Man lässt sich um so mehr fallen, meint sie, als einen der geliebte Vater, ohne dass man es weiß, als dahinter stehender Retter beschützen oder erlösen soll: »inzestuöse Leidenschaft«,[54] Hegel würde sagen: Trotz der Radikalität des Erlebten, war es doch nur »kraftlose Schönheit«, die sich »vor dem Tod scheut«.[55] Die Frage ist aber, wie sich der durch die Analyse erreichte Verzicht (Äquivalent des Leclairschen Kindesmords), welcher das an diese Szenen gebundene Genießen abschaffen und somit auch an die Idee ihrer Ursprünglichkeit rühren soll, zum unvordenklichen Sterben verhält, das für Blanchot der ödipalen Problematik (und sogar jeglichem »behandelbaren« Problem) vorausgeht.

Vielleicht ist es jedoch gar nicht möglich, hier zwischen zwei Alternativen zu entscheiden – es würde nur mehr ein Hin und Her zwischen einem beunruhigenden Problem und dem nicht weniger beunruhigenden Schwinden eines Problems geben, ein Kommen und Gehen. Klinisch hieße das, dass man dort, wo die althergebrachten Schemen funktionieren, zum Einblick in deren Kontingenz (d. h. potentielles Schwinden) und dort, wo das nicht der Fall ist, zur Erfindung neuer, nicht weniger kontingenter Formen des Umgangs mit dem Unmöglichen zu gelangen hat. Beide Male hätte das, was es gegeben hat oder geben wird (der »Sinn«), auch ganz anders sein können.[56]

Das Aufzeigen der Möglichkeit und gleichzeitigen Unverlässlichkeit der durch die Dialektik oder durch die Analytik des Daseins erzeugten Grenzen hat weit reichende Konsequenzen für die Psychoanalyse, die – schon vor Lacan, und dann erst recht seit ihm – eigenartig enge, »unheimliche« Verwandtschaftsbeziehungen mit Hegel und Heidegger aufweist. Es erlaubt, die Widersprüche in Freuds Denken – insbesondere bezüglich der gleichzeitigen Notwendigkeit und Unmöglichkeit der Anerkennung des Todes – zustimmend stehen zu lassen und desweiteren, an Lacans später Bereitschaft zur Widersprüchlichkeit (vgl. seine Formeln der »Sexuierung«) eine Manifestation der Eigenart der Psychoanalyse zu erkennen: Einerseits trennende Funktion des Vaters, Absterben des Genießens, Kastration, Leere ohne Seligkeit – »Arbeiten« der Negativität. Und andererseits ständige Möglichkeit des Schwindens der Grenzen der »symbolischen Ordnung«, innerhalb welcher diese Arbeit geleistet wird.

Die Psychoanalyse zeugt von einer Spannung zwischen alteuropäisch-metaphysischen Aspekten (und auf dieser Seite, scheint es mir, siedelt sich Leclaires verdienstvolle Studie doch vorwiegend an: Versprechen eines Gewinns durch die Einsicht in die *Notwendigkeit* eines Arbeitens des Todes, *Unmöglichkeit* als Unerreichbarkeit des Ideals vollständiger Tötung: »unmöglich *aber* notwendig«;[57] und auch Winnicotts Datierung des »unerlebt Erlebten« als kindliches Missgeschick), die nicht zu kritisieren sind, *und* von deren gleichzeitig möglicher Abschaffung (der Tod bleibt für Freud letztlich immer derjenige des anderen[58]). Beides gehört zum wesenlosen Wesen der Psychoanalyse, und Blanchots Lektüre zweier analytischer Texte – die wohlwollende Distanz seiner Haltung und die Art, wie er sie »gegeneinander« liest – lässt diese Zweischneidigkeit zutage treten: »Arbeiten«, »Schreiben« (»Schreiben heißt den immer schon geschehenen Tod nicht mehr in die Zukunft verlegen, sondern etc.«, siehe oben), Arbeiten und/oder Schreiben. Als Analytiker würde man sich irren, hier nur das Literarische und nicht die aus ihm sich ergebenden klinischen Implikationen zu sehen.

—

1   Donald W. Winnicott, »Fear of breakdown«, *Int. Rev. Psychoanal.*, 1 (1974), S. 103–107, hier: S. 103. [Vgl. *supra*, »Die Angst vor dem Zusammenbruch«].

2   Sigmund Freud, »Das Unbehagen in der Kultur«, in: *Gesammelte Werke*, Bd. 14, S. 493.

3   Ders., »Zur Geschichte der psychoanalytischen Bewegung«, in: *Gesammelte Werke*, Bd. 10, S. 53.

4   Jacques Derrida, *Demeure*, Paris 1998, S. 121. [Vgl. *Bleibe*, übers. von Hans-Dieter Gondek, Wien 2003, S. 107.]

5   Maurice Blanchot, *L'écriture du désastre*, Paris 1980, S. 144. [Vgl. *Die Schrift des Desasters*, München 2005, S. 114] (Künftig: »D«).

6   Zur Problematik dieses Einlassens des Anderen, vgl. Michael Turnheim, »Wahnsinn und Tod«, in: Kathrin Busch und Iris Därmann (Hg.), »*pathos*«, Bielefeld 2007, S. 119–141.

7   Jean-Luc Nancy, *Chroniques philosophiques*, Paris 2004, S. 60.

8   In einem frühen Text schreibt Heidegger, dass das Leben grundsätzlich – »dem Grundsinne seines Seins nach« – schwer sei. Alles Sich-Leichtmachen sei trügerisch und das Schwermachen die einzig »genuin angemessene« Zugangsweise zum Leben (Martin Heidegger, *Phänomenologische Interpretationen zu Aristoteles*, Stuttgart 2003, S. 10).

9   Martin Heidegger, *Sein und Zeit*, Tübingen 1972, S. 264 (§ 53). – »Mancher wird auch für seine Wahrheiten und Siege zu alt; ein zahnloser Mund hat nicht mehr das Recht zu jeder Wahrheit«: Friedrich Nietzsche, *Also sprach Zarathustra*, in: Giorgio Colli und Mazzino Montinari (Hg.), *Kritische Studienausgabe*, Bd. 4, München u.a. 1988, 2. Auflage, S. 94.

10   [Vgl. Ferdinand Kürnberger, *Der Amerikamüde* (1855), Wien, Böhlau, 1985; Adorno benutzte das Zitat als Motto des ersten Teils seiner *Minima Moralia* (1944), *Gesammelte Schriften* 4, Frankfurt/M. 1997, S. 20.]

11   Serge Leclaire, *On tue un enfant*, Paris 1975, S. 23. [Vgl. *supra*, »Pierre-Marie oder Das Kind«.]

12   Ebd., S. 12 [*supra*].

13   Jacques Lacan, »Fonction et champ de la parole et du langage en psychanalyse«, *Ecrits*, Paris 1966, S. 319. [Vgl. »Funktion und Feld des Sprechens und der Sprache in der Psychoanalyse«, in: *Schriften I*, übers. v. Rodolphe Gasché u.a., Weinheim/Berlin 1991, S. 166.]

14   Ders., »Subversion du sujet et dialectique du désir dans l'inconscient freudien«, *Ecrits*, S. 810. [Vgl. »Subversion des Subjekts und Dialektik des Begehrens im Freudschen Unbewussten«, in: *Schriften II*, übers. von Chantal Creusot

u.a., Weinheim/Berlin 1986, S. 185.] – Dort auch eine Anspielung auf Dylan Thomas' Gedicht *A Refusal To Mourn The Death, By Fire, Of A Child In London*, das mit dem Satz *After the first death, there is no other* endet: »Mit Dylan Thomas wollten wir allerdings, es gäbe nicht zwei. Ist aber der absolute Herr der einzige Tod, der bleibt?« [(ebd., Anm. 12); vgl. Dylan Thomas, »Weigerung den Flammentod eines Kindes in London zu betrauern« (Übersetzung von Erich Fried), in: *Wiederabgeworfenes Licht. Gedichte*, Frankfurt/M. 1995, S. 329: »Nach dem ersten Tod gibt es keinen Zweiten«.]

15 Jacques Lacan, *Le transfert (le séminaire, livre VIII)*, Paris 1991, S. 120. [Vgl. *Die Übertragung (Das Seminar, Buch VIII)*, übers. v. Hans-Dieter Gondek und Hans Naumann, Wien 2007, S. 129].

16 Ders., *Le moi dans la théorie de Freud et dans la téchnique de la psychanalyse (le séminaire, livre II)*, Paris 1978, S. 278. [Vgl. *Das Ich in der Theorie Freuds und in der Technik der Psychoanalyse (Das Seminar, Buch II)*, übers. v. Hans-Joachim Metzger, Weinheim/Berlin 1991, S. 302].

17 Ders., *L'éthique de la psychanalyse (le séminaire, livre VII)*, Paris 1986, S. 341. [Vgl. *Die Ethik der Psychoanalyse (Das Seminar, Buch VII)*, übers. v. Norbert Haas, Weinheim/Berlin 1996, S. 341.]

18 In seinem Seminar *L'identification* (Sitzung 27.6.1962) sagt Lacan, dass Blanchots *L'Arrêt de mort* für ihn die sichere Bestätigung dessen darstellt, was er über den zweiten Tod gesagt hat.

19 Maurice Blanchot, »La littérature et le droit à la mort«, in: *La part du feu*, Paris 1949, S. 305. [Vgl. *Die Literatur und das Recht auf den Tod*, übers. von Clemens-Carl Härle, Berlin 1982, S. 77]. Hier findet auch Kojève Erwähnung.

20 Ebd., S. 311 [73]. Blanchot zitiert hier aus der Einleitung zur *Phänomenologie des Geistes* (vgl. Georg Wilhelm Friedrich Hegel, *Werke*, Bd. 3, Frankfurt/M. 1970, S. 36).

21 Ebd., S. 325 [119f.].

22 Lacan, *Le transfert*, a.a.O., S. 120. [Vgl. *Die Übertragung*, a.a.O., S. 130]. – Altes Thema des okzidentalen Denkens, das sich von Anfang an aufspaltet: Achilles will jung sterben, um zu ewigem Ruhm zu gelangen, denkt aber nach

seinem Tod, dass er ein langes und bescheidenes Leben hätte vorziehen sollen. Die Sirenen versuchen Odysseus durch einen glorreichen Nachruf zu Lebzeiten zu verführen (vgl. Jean-Pierre Vernant, *L'Univers, les Dieux, les Hommes*, Paris, 1999, S. 133 ff.).

23 Winnicott spricht von der »seltsamen Art von Wahrheit, dass dasjenige, was nicht erlebt worden ist, nichtsdestoweniger in der Vergangenheit geschehen ist« (Winnicott, »Fear of Breakdown«, a.a.O., S. 105 [vgl. *supra*], Übersetzung modifiziert). Man stellt hier nicht zufällig ein gewisses terminologisches Schwanken fest. Winnicott schreibt zunächst, dass die Agonie bereits erlebt worden ist, präzisiert aber kurz darauf, dass das Problem gerade darauf beruht, dass etwas bereits Geschehenes noch nicht erlebt worden ist.

24 Ebd.

25 Leclaire, *On tue un enfant*, a.a.O., S. 13 [vgl. *supra*].

26 Winnicott, »Fear of Breakdown«, a.a.O., S. 106 [*supra*].

27 Dieser Unterschied lässt sich teilweise durch die jeweilige Bezugnahme auf Psychose (Winnicott) und Neurose (Leclaire) erklären, beruht aber auch auf verschiedenen theoretischen Voraussetzungen.

28 Leclaire, *On tue un enfant*, a.a.O., S. 25 [*supra*].

29 D 112 [*supra*].

30 D 108 [*supra*].

31 D 10 [11].

32 Georges Bataille, »Hegel, la mort et le sacrifice«, in: *Œuvres complètes*, Bd. XII, Paris 1988, S. 333 (Fußnote).

33 Ders., »Le coupable«, in: *Œuvres complètes*, Bd. V, Paris 1973, S. 369.

34 Ders., »Hegel, la mort et le sacrifice«, a.a.O., S. 339 f.

35 Hegel, *Phänomenologie des Geistes*, a.a.O., S. 150. – Vgl. Derrida, »Von der

beschränkten zur allgemeinen Ökonomie«, in: *Die Schrift und die Differenz*, übers. von Rodolphe Gasché, Frankfurt/M. 1972, S. 380-421.

36 Michel Foucault, »Préface à la transgression«, in: *Critique*, 195/196 (1963), S. 751-769, hier: S. 756. [Vgl. »Vorrede zur Überschreitung«, in: *Schriften zur Literatur*, hrsg. von Daniel Defert und François Ewald, übers. von Hans-Dieter Gondek u.a., Frankfurt/M. 2003, S. 64-85, hier: S. 70.]

37 Bataille »Hegel, la mort et le sacrifice«, a.a.O., S. 337.

38 Ebd., S. 340f.

39 Was freilich nicht ausschließt, dass die »Problematik des Opfers« bei Bataille, wie Philippe Lacoue-Labarthe (»Fidélités«, in Marie-Louise Mallet (Hrsg.) *L'animal autobiographique*, Paris 1999, S. 218) betont, enge Verbindung mit demjenigen aufweist, »was Blanchot später das ›Erfahren ohne Erfahren‹ oder das ›unerlebte Erfahren‹ des Todes nennen wird.«

40 D 52 [43].

41 D 108 [*supra*].

42 Jacques Derrida, *Apories. Mourir – s'attendre aux ›limites de la vérité‹*, Paris 1996, S. 87 und 128. [Vgl. *Aporien. Sterben – Auf die ›Grenzen der Wahrheit‹ gefasst sein*, übers. von Michael Wetzel, München 1998, S. 80 und 117.]

43 Ebd. S. 113f. [S. 104].

44 Heidegger, *Sein und Zeit*, a.a.O., S. 250.

45 Derrida, *Apories*, a.a.O., S. 123 ff. [*Aporien*, a.a.O., S. 114 ff.].

46 Vgl. ders., *Demeure*, a.a.O., S. 82 [*Bleibe*, a.a.O., 74]. – Im Sinn solchen Kommens und Gehens verstehe ich auch Blanchots Bemerkung über Freud: »[...] man muss sich ins Gedächtnis zurückrufen, dass das ›Negative‹ bald am Werk ist, mit der Rede spricht und sich derart aufs ›Sein‹ bezieht, bald die Nicht-Arbeit des Müßiggangs *(désoeuvrement)* wäre«. (D 182 [145 und *supra*]).

47 Derrida, *Apories*, a.a.O., S. 86 f. [*Aporien*, a.a.O., S. 80].

48 Ebd., S. 129 [S. 119].

49 Niklas Luhmann, *Die Wissenschaft der Gesellschaft*, Frankfurt/M. 1992, S. 98.

50 Derrida, *Apories*, a.a.O., S. 134 [*Aporien*, a.a.O., S. 123 f.].

51 Luhmann, *Die Wissenschaft der Gesellschaft*, a.a.O., S. 110.

52 Philippe Lacoue-Labarthe, »Die endliche und die unendliche Agonie«, *supra*.]

53 Catherine Millot, *Abîmes ordinaires*, Paris 2001, S. 46. – Den leeren Himmel aus Blanchots »Urszene« deutet Millot als »das Nichts, aus dem ich herstamme, Ort meines Ursprungs, von dem ich nur abwesend sein kann und zu dem ich zurückkehre, um den undenkbaren Abgrund zu erfassen« (ebd., S. 148).

54 Ebd., S. 153.

55 Hegel, *Phänomenologie des Geistes*, a.a.O., S. 36.

56 Luhmann spricht von einer »Form, die auch dann noch stabil bleibt, wenn durchschaut wird, dass sie auf einer Fiktion beruht« (Niklas Luhmann, »Glück und Unglück der Kommunikation in Familien«, in: *Soziale Aufklärung 5*, Wiesbaden 2005, S. 214). – Bezüglich des klinischen Aspekts, vgl. Michael Turnheim: »Wurzel und Krypte«, in: Peter Zeillinger und Dominik Portune (Hrsg.), *Nach Derrida*, Wien 2006, S. 136–148, speziell S. 146 ff.

57 Vgl. Derrida, *Demeure*, a.a.O., S. 56 f. [*Bleibe*, a.a.O., S. 51].

58 »Der eigene Tod ist ja auch unvorstellbar, und sooft wir den Versuch dazu machen, können wir bemerken, dass wir eigentlich als Zuschauer weiter dabeibleiben.« (Sigmund Freud, »Zeitgemäßes über Krieg und Tod«, in: *Gesammelte Werke*, Bd. 10, S. 340). Derrida schlägt vor, diese Freudsche Idee mit Heideggers Formel »Dasein verendet nie« in Zusammenhang zu bringen und dadurch Psychoanalyse und Daseinsanalytik miteinander zu versöhnen (*Apories*, a.a.O., S. 72–76 [*Aporien*, a.a.O., S. 66–70]).

Marcus Coelen

Zerfahren

»Und was? denn Eins giebt vieles, zu erfahren […].«
(Friedrich Hölderlin, *Oedipus der Tyrann*)

»Das Kind tut aber keines von beiden, oder vielmehr, es tut gleichzeitig beides, was auf dasselbe hinauskommt.«
(Sigmund Freud, »Die Ichspaltung im Abwehrvorgang«)

»Wir sind zwei Abgründe – ein Brunnen, der in den Himmel schaut […] meine Autobiographie ohne Fakten, meine Geschichte ohne Leben.«
(Fernando Pessoa, *O Livro do Desassosego*)

»[…]?)« (M. B.)

Die Urszene? oder *eine* Urszene? Die Eine? eine, die »die« heißt? eine, die eine »ist«? »Gibt es« überhaupt viele? Und macht das einen Unterschied? oder was für einen? oder mehrere? verschiedene?
  Dass diese Fragen von Bedeutung sind, kann nicht als ausgemacht gelten. Gegeben ist aber, dass sie sich ablesen lassen an jener Konstellation von Texten, die zwischen Freud und Blanchot, zwischen der Psychoanalyse und der *Schrift des Desasters* einen Aufriss geben von den Schicksalen dieses Wortes der »Urszene« sowie den Stücken der Sache, auf die es sich zu beziehen wähnt. Und wären diese Fragen auch nicht von Bedeutung, dass es solches Fragen gibt, »macht doch Bedeutung« – und diese nicht ganz saubere Wendung lässt sich lesen, wie, dass man »Dreck macht«; oder »Liebe macht«, zumindest, wenn man, nicht verunreinigend so doch leicht verfälschend, aus der Fremdsprache übersetzt. Vielleicht eine Art, den »*Signifikanten*« als das Bedeutende zu meiden, zumindest ihn zu umspielen.
  Der Aufriss der Wort-und-Sach-Geschicke der Urszene ist zunächst bestimmt durch die Einführung des Terminus, anfänglich kursiv oder gesperrt und durch Anführungszeichen markiert – Freud schreibt

zunächst von »dieser ›*Urszene*‹« – und dann zumeist im schlichten Singular mit bestimmtem Artikel in der Abhandlung »Aus der Geschichte einer infantilen Neurose«, die als der Fall des *Wolfsmannes* bekannt geworden ist.[1] Die Singularisierung *der* Urszene, die ihre konzeptuelle Karriere bestimmte, ist Reduktion einer Mehrzahl und ihre Einführung Wiederholung.[2] In seinen zum Großteil Briefform gebliebenen frühen Arbeiten spricht Freud Fließ gegenüber von »Urszenen«, die für das Verständnis der Hysterie wichtig seien, und die er auch als »Hysterie-Urgeschichten« bezeichnet.[3] Mit diesen Urszenen scheinen hauptsächlich Szenen der Verführung des Kindes durch den Erwachsenen gemeint zu sein, aber es sind die »*Impulse*«, nicht die Erinnerungen selbst, die »sich von den Urszenen ableiten«, welche der Verdrängung in der Hysterie unterliegen und zur Bildung ihrer Symptome führen. Bemerkenswert ist, dass die Phantasien, die als »*Schutzdichtungen*« vor den Urszenen gebildet werden, in diesem Zusammenhang nicht so sehr ans Gesehene als ans Gehörte geknüpft sind. »Ziel scheint die Erreichung der Urszenen zu sein«, schreibt Freud in seinem Entwurf über die »*Architektur der Hysterie*«, in dem sich dieser Gedanke entwickelt findet: »Dies gelingt bei einigen direkt, bei anderen auf Umwegen der Phantasien. Die Phantasien sind nämlich psychische Vorbauten, die aufgeführt werden, um den Zugang zu diesen Erinnerungen zu sperren. Die Phantasien dienen gleichzeitig der Tendenz, die Erinnerungen zu verfeinern, zu sublimieren. Sie sind hergestellt mittels der Dinge, die *gehört* werden und *nachträglich* verwertet, und kombinieren so Erlebtes und Gehörtes, Vergangenes (aus Geschichte der Eltern und Voreltern) mit Selbstgesehenem. Sie verhalten sich zum Gehörten wie die Träume zum Gesehenen. Im Traum hört man ja nichts, sondern sieht.«[4]

In diesem Abschnitt ist vieles bemerkenswert, so auch das sanfte semantische Drängen der an die »Szene« geknüpften Theaterelemente, bis hin in die eigentümliche Wendung von den »Vorbauten, die aufgeführt werden«, und welche die Aufführung vor und auf den Bauten der *skênê* neu zusammensetzt; wie auch die poetischen Elemente des ›Erlebten‹, ›Gehörten‹ und ›Gesehenen‹, welche die Tragödie als nachträgliche Geschichte der Vorzeit anklingen lässt. Hier ist die Phantasie als Vorbau der Urszene das, was diese später selbst wird: Komplex aus dem, was als »Vergangenes (aus Geschichte der Eltern und Voreltern)« bezeichnet und mit »Selbstgesehenem« benannt wird. Man kann sagen, dass von den »Urszenen« des Fließ-

Briefes zur »Urszene« des *Wolfsmann*-Falles eine Verschiebung der Szene stattgefunden hat, sie im Singular zugleich an Realität verliert: Die »Szene« nimmt an Metaphorik ab, um an Theatralem zu gewinnen. Der Gedanke von der nachträglichen Konstruktion des vom Vergangenen Gehörten mag zudem fern und unsicher an Gelesenes erinnern, so an die 105. Zeile des *König Ödipus*: »Ich weiß es, hab's gehört, nicht wohl gesehn«, welche – sich beziehend auf den Mord am (Vater) König Laios – Ödipus' Tragödie, wie man noch sehen wird, zu einer eigentümlichen Szenerie des Wissens von ihr selbst macht und die das Drama um dessen Sprechbarkeit auf sonderbare Weise exponiert.

Bemerkenswert ist zudem, dass Freud durchaus den Plural der »Urszenen« weiterhin verwendet, und zwar bei Gleichsetzung mit den »Urphantasien« sowohl in der Darlegung »Aus der Geschichte einer infantilen Neurose« (IN 84, 86, 90) als auch in den *Vorlesungen* von 1917.[5] Im *Wolfsmann*-Fall formuliert Freud auch die »Frage nach der Natur der Urszenen oder frühesten in der Analyse erlebten Kindheitserlebnisse[n]« (IN 84). Er macht deutlich, dass es sich in dieser Geschichte um nur einen Fall aus einem Spektrum handelt, welches er in den Vorlesungen aufreißt, und zwar in einer vierfach gegliederten Reihung, vielmehr drei-, oder drei-und-ein-halb-fach, da er das für ihn am meisten Zählende doppelt markiert: »die Kinderverführung, die Entzündung der Sexualerregung an der Beobachtung des elterlichen Verkehrs, die Kastrationsdrohung – oder vielmehr die Kastration, – […].«[6] Eine in eckige Klammern gesetzte vierseitige Ausführung am Ende des 5. Abschnitts, »Einige Diskussionen«, des *Wolfsmanns* manifestiert, nicht nur in Form von Freuds rhetorischem Zögern im Umgang mit der oben zitierten Frage nach der »Natur der Urszenen« in seinen Eingangs- und Ausgangsformulierungen, die Zählbarkeit der Szene und die Bindung des Plurals und des Singulars an einen ihnen ganz eigenen »Realwert«: »[Ich hatte ursprünglich nicht die Absicht, die Diskussion über den Realwert der ›Urszenen‹ an dieser Stelle weiterzuführen […] Dann wird wohl nichts anderes übrig bleiben als der Verweis auf die Stellen in meinen ›Vorlesungen‹, in denen ich das Problem der Urphantasien oder Urszenen behandelt habe.]« (IN 86–90) In diesem Abschnitt ist vor allem die aleatorische Setzung von Anführungszeichen um die Plural-, aber vor allem die Singularbildung derart, dass es »an dieser Stelle« der »Verweis auf die Stellen« selbst, also Zählbarkeit, Inbegriffsbildung und Einschreibung, ist, wodurch das »Problem« der Szene(n) »ursprünglich« dargestellt scheint.[7]

Zugleich wesentlich zarter und in seiner untergründigen Kraft gewaltiger macht sich hingegen das Blanchotsche Syntagma: »une scène primitive« aus, das in unterschiedlicher typographischer Version (kursiv, nicht-kursiv; als Titel oder Absatzeinsatz) und diakritischer Ergänzung (mit oder ohne Klammern oder Fragezeichen)[8] in zwei, drei Texten einerseits notiert ist, andererseits aber in fast allen Schriften Blanchots erahnbar wird: von Fiktion bis fragmentierter Schrift markiert, skandiert es deren Zusammenhänge, ihren Puls schlagend, und ist verdeckt kommentiert, metonymisiert, ironisiert, ersetzt zerstückelt und gefügt in der Unzahl des Geschriebenen, das sein Werk ausmacht. In diesem sind die Worte »scène« und »primitif« selbst rar, und die diskrete Wahl Blanchots, mittels ihrer die »Urszene« zu übersetzen, und nicht mit der ähnlich geläufigen »scène originaire«, schreibt seiner Wendung bereits im Modus der Abwesenheit all das ein, was, ausgehend von der »ursprünglichen Erfahrung« (»expérience originelle«)[9] und dem »Werk als Ursprung« (»l'œuvre comme origine«),[10] an Erfahrung, Erlebnis und Auseinandersetzung mit dem »Ursprung«, dem »Beginn« und dem »Wesentlichen« sein Schreiben und Denken von Anfang bis Ende wiederholend bis zur Irritation durchzieht: von der »wahrhaften Erfahrung«,[11] welche ihm Literatur war, derjenigen »Erfahrung«, welche »selber die Autorität ist«,[12] der »Erfahrung« als »Suche nach dem Wesen des Werkes [...], Sorge des Ursprungs«,[13] der »Erfahrung Prousts«,[14] der »Erfahrung Mallarmés«,[15] der »Erfahrung Simone Weils«,[16] der »Erfahrung Igiturs«,[17] hin zur »Grenzerfahrung«,[18] zur »Erfahrung des Nicht-Manifesten und Unbekannten (im Sinne des Neutrums verstanden)«,[19] zu »dieser *anderen* Erfahrung«,[20] zur »unerlebten Erfahrung« (»expérience inéprouvée«),[21] einer ›Erfahrung ohne Erfahrung‹ oder »Erfahrung der Nicht-Erfahrung«.[22] Und letztere bezeichnet das, was Georges Bataille zunächst »das Extrem des Möglichen«,[23] dann »das Unmögliche«, *L'impossible*,[24] nannte, und was Blanchot, unter Begleitung einer »Erfahrung des Dunklen, wo das Dunkle sich in seiner Dunkelheit darbieten würde«, als »das Denken des Unmöglichen« fortschrieb.[25] Dieses *impossible* leitet die Ströme und Sprünge des metonymischen Begreifens der »scène primitive« in die »Unmöglichkeit eines Seins des ersten Mals«[26] und zur »Möglichkeit der Unmöglichkeit«,[27] und damit, immer wieder ohne Unterlass, zum »Tode«, zum »möglichen«,[28] zum »unmöglichen«,[29] zum »unmöglich zu sterbenden Tod«,[30] dann zum »unmöglichen notwendigen«,[31] zum »Irrtum unseres Todes«,[32] *mort*, der, dem »Sterben« (»mourir«) erlegen, seine Worte in die Schriften des Maurice Blanchot streuen lässt wie sein Sprechen und Schreiben in dessen Namen. Wenn die selten erwähnte »Szene« sich in ihrer Flüchtigkeit indes als Wort philologisch fixieren lässt, wie in diesem Abschnitt über »Das analytische Sprechen«: »Jede Szene öffnet sich alsbald auf eine noch frühere Szene, und jeder Konflikt ist nicht nur er selbst, sondern auch der Wiederbeginn eines noch älteren Konflikts«;[33] wenn der selten genannte Name Freuds[34] stets in Bezug auf die Frage des Beginns und des Ursprungs, sowie des Tods und der Wiederholung als notwendig irrtümliche Bestimmungen, die deren Entzug belegen,[35] fällt: »Schon Freud, den die Tendenz zur Wiederholung, der gewaltige Appell zum Früheren erstaunte, hatte darin den Appell des Todes selbst erkannt«;[36] wenn *Der Augenblick meines Todes*[37] als autobiographisches Ereignis bezeugt ist,[38] und »der Augenblick meines Todes, der nunmehr immer jeden Moment ansteht«,[39] die Instanz einer »Urszene« für das Werk annehmen und man sagen konnte, dass diese ausgesetzte Erschießung Blanchots 1944 durch ein Nazi-Bataillon zusammen mit dem Text, der sie in Fiktion vorlegt, »ihr Gesetz, ihre Grammatik und ihr Schicksals allem, was er seither geschrieben hat«,[40] verliehen haben – dann hatte indes *Der Wahnsinn des Tages*,[41] der vielleicht dasselbe erzählt,[42] in der Überzeugung, »dass ich den Wahnsinn des Tages von Angesicht zu Angesicht sah«,[43] dann hatten diese Begegnung, dessen markierte Wirklichkeit – »All das war real, nehmen Sie Notiz davon!«[44] – und die Unmöglichkeit ihres Berichtes[45] deren Wahrheit und somit die Wahrheit jeder Urszene bereits nach außen gestülpt: »derart war Wahrheit: das Licht wurde wahnsinnig, die Klarheit war von Sinnen; sie befiel mich jenseits aller Vernunft, ohne Ordnung, ohne Ziel«.[46] Dann haben diese Schau einer Implosion allen Schauens, dieser »Moment des Angesicht zu Angesicht«[47] und eine derartige »Begegnung (die keine zufällige ist, sondern Urbegegnung)«[48] die Motive und die Bewegungen der Berührung und des Blicks, des Gesichts sowie des Lichtes der unheimlichen Kategorie des »ohne Maß noch Grenze«[49] unterstellt, einem »Verlust in ein stets offenes Unendliches, das sich weigert, auf seine Unendlichkeit zurückzukommen«,[50] sodass auch der sorgsamste Blick durch ein Lesen nur irrlichtern kann: Vom »nicht gefestigten, […] auch festen Zentrum«

des *Literarischen Raums*, welches beharrlich »dasselbe bleibend und stets werdend« im »Blick des Orpheus«[51] liegt, über »diesen Blick, der in meiner Abwesenheit mich zu sehen fortfährt«[52] und dem »toten Blick«, der zum »Phantom einer ewigen Schau«[53] geworden ist, sowie die unzähligen »Szenen« des Blickens, Starrens, angstvollen Erwartens und staunenden Sehens bis hin zu jenen unbestimmten und grauenvollen, in welchen sich Körper in unentrinnbarer Verschlingung erahnbar nur finden, mit ungewissen Bewegungen, »ängstlicher und ungeschickter Anstrengung [...] eines einsamen Organs«, sowie deren Anblick: »Ich wollte die Augen öffnen, mich befreien, aber mit Entsetzen begriff ich, dass meine Augen bereits geöffnet waren und schon das erblickten und berührten und sahen, worauf kein Blick jemals hätte fallen dürfen, was kein Blick ertragen konnte. Ich musste schreien [...]«,[54] angesichts eines Gegenüber, der »ich ist, ich selbst, für mich nicht existierend.«[55] Bis schließlich solches Reißen des Sehens und Fransen des Inszenierens, »sich von allem Sichtbaren und allem Unsichtbaren abwendend«,[56] in den Sog einer Neutralisierung gerät, die »*jedwede Erfahrung, welche immer sie sei*« erfasst, etwas »*außer Erfahrung*«[57] nennt, in einer »Fragmentierung«, die »keinen Verweis auf einen Ursprung mehr erträgt«,[58] sodass es, worauf immer »es« hier verweist, was immer es war, worauf »la scène primitive« anspielte, eben zu diesem wird: »es [...]. Vielleicht ein Wort, nur ein Wort, aber ein Wort als Überschuss, ein Wort zuviel, das deswegen immer fehlt. Nichts als ein Wort.«[59] Sodass man, um weiterhin davon zu sprechen, wieder zurückgeworfen ist in die Enge dieser zwei oder drei Wörter sowie des Textes, der ihnen folgt.[60]

Bei Freud scheint der »Inhalt« der Szene zunächst eindeutig: »In diesem Fall enthält die Urszene das Bild des geschlechtlichen Verkehrs der Eltern« (IN 85), dessen »Teil« das Kind als von der Szene ausgeschlossen beobachtendes ist; in der »scène primitive« Blanchots scheint das Klare inhaltlich entzogen: der graue, alltägliche Himmel, sodann derselbe Himmel noch einmal, aber als »Leere« und »Abwesenheit«.[61] Für den Wolfsmann hat die Szene eine »pathogene Wirkung«, führt zu einer »Veränderung« in der »Sexualentwicklung«, die »geradezu eine Aufsplitterung der Libido« (IN 70) nach sich zieht; für die Stimme Blanchots ist das »Ergebnis befremdlich«,[62] sie führt zu einem Leben »im Geheimnis«, einem Leben ohne Tränen: Das Kind »wird nicht mehr weinen« (U). Bei Freud überkommt das Kind, das die im Traum entstellte Urszene erfährt, »*große*[] *Angst, offenbar, von den Wölfen aufgefressen zu werden*« (IN 54), und diese Angst wird sich in eine Tierphobie als erstes Element einer lebenslangen Erkrankung wandeln; bei Blanchot ist es ein »Glücksgefühl, das sogleich das Kind überschwemmt«, eine »verheerende Freude« (U), eine »Freude von einer außergewöhnlichen Reinheit«, die »gleichsam eine Ebene ›meiner selbst‹ enthüllt« (AL). Für Freuds Patienten bedeutet die auf die Urszene folgende »Einführung in die Religion« (IN 91) den Beginn einer »Zwangsneurose mit religiösem Inhalt« (IN 30), die göttlichen Bezug zu Abwesenheit und Ursprung physiologisch bestimmt: »Da Christus Wein aus dem Nichts gemacht, hätte er auch das Essen zu nichts machen und sich so die Defäkation ersparen können« (IN 94); in Blanchots Text formuliert eine »Öffnung« (U) ganz »explizit« eine »Abwesenheit«, eine »Leere von Gott […], und es überstieg darin den bloßen Verweis aufs Göttliche bei weitem.« (AL) Bei Freud ist die Szene in mehrfacher Hinsicht relational – Bezug der beiden Beobachteten untereinander als sexuelles Verhältnis sowie die filiale Beziehung zum beobachtenden Kinde –, und die Szene ist in Sehen und Wissen aufgespalten; bei Blanchot drängt ein unbestimmbar der Negation ausgesetztes »il y a«[63] von Beziehung und Verhältnis fort zu einem »anderen Bezug«,[64] wendet sich, so »dass nichts da ist, das, was es gibt, und vor allem nichts jenseits dessen« (U). In Freuds Diagnose gehört die Szene in den Umkreis der »geringgeschätzten Brocken Erinnerung«, welche »Schlüssel zu den wichtigsten Geheimnissen« sind (IN 122); in Blanchots Meditation ist sie »Erinnerung im Zentrum jeden Vergessens« (AL). Freud wird von der Agnosie, die sich mit der Urszene verbindet, zu der Vermutung geführt, »dass eine Art von schwer bestimmbarem Wissen, etwas wie eine Vorbereitung zum Verständnis, beim Kinde dabei mitwirkt. Worin dies bestehen mag, entzieht sich jeder Vorstellung« (IN 156); für Blanchot wird aus dem »Unerwartete[n]« ein »Anspruch« und ein »Geheimnis« (U) sowie »ein kleiner Teil meiner Dunkelheit« (AL) und die Anheimstellung an die Nachwelt: »Sie, die Sie später leben […], setzen Sie diesen Fall«. (U) Seit Freud wird die Urszene zur Bühne für die Auseinandersetzungen, die die Psychoanalyse mit der Realität, der Wahrheit, der Wissenschaft und der vernünftigen Praxis austrägt, sei's in deren Namen, sei's – was ihr wichtigeres Gefecht ist –, um sich deren Tyrannei zu entziehen und die Bahnungen einer anderen Einbildungskraft und die Züge eines anderen »Anderen« zu zeichnen; mit Blanchot ist sie

Schrift geworden, von der aus sich die »unerlebte Erfahrung« und der »notwendige unmögliche Tod« in die Kategorien und Modalitäten des Denkens niederlegen. Bei Freud geht der Anspruch vom Geschichtlichen aus, für Blanchot vom Schreiben. Jenen zieht der Anfang zugleich an und stößt ihn ab, und diesen das Ende. Usw.

Warum einander so fern Liegendes in so große Nähe zueinander rücken? Denn ist es nicht in der Tat so, dass, was bleibt *in* dieser zerfahren sich darstellenden Annäherung von Texten, vielleicht nur dieses hier und da übersetzte Wort ist: »Urszene«; sowie die Frage: Name, Kategorie, Begriff, Inschrift? Aber dieses »nur« zeigt bereits, kapriziös und akzidentell, als Widersinn der Schrift an, woran eine Negation der auf Ursprüngliches verweisenden Vorsilbe »Ur-« oder ihre endlich zählbare Anzahl geheftet ist: Es geht da, wo »Urszene« geschrieben wird, immer um »$n+$« so und so viele Zeit-, Personen- oder Ortseinheiten (IN 64), um n Urszenen selbst; nur so ist auch markiert, woran, da solche Reste am Geschriebenen mit dem Begriff eben nur unbestimmt zu tun haben und ihr Widersinn Einspruch fordert, die Affirmation des raren Frühen und die unendliche Verallgemeinerung einer solchen Fixierung an vermeintlich rein Sprachliches sich knüpfen lassen muss. Wenn nur »Urszene« bleibt, oder Urszene nur ein Wort, wie »nur« eines ist, ist, dann ist nicht nur deren Zählung null und bestimmt mehrfach, sowie einmal und unendlich, sondern mit diesem unmöglichen Kalkül gibt es die Chancen einer Analyse jenseits des Maßes.

Was erst einmal auszugehen scheint von dreierlei: Als Ganzes genommen hat »Urszene« zunächst einen Bezug zur Erfahrung; jede Szene ist im Prinzip geöffnet auf Sichtbarkeit, Hörbarkeit oder Lesbarkeit – wenn man unvorsichtig genug ist, dieses in eine Reihe zu stellen und anderes, Tasten, Schmecken, Riechen und deren Inszenieren einstweilen und sehr klassisch zu vergessen. In dieser konzeptuellen Bestimmung der Szene vollzieht zudem das Wort der »(Ur)Szene« sein Verweisen. Sodann trägt es ganz augenfällig in sich den Bezug zum Theater und damit einhergehend die Ausdehnung im Raume, die Vervielfachung der Instanzen, Positionen und Rollen; es bringt die Psychoanalyse und jeden, der sich ihrer bedient, auf die Bühne, somit auf ihre wohl älteste Metapher, und stellt mit solcher Übertragung die nie zu stillende Frage, wie viel einem solchen Stück von Metaphorik an Bedeutung oder Wirklichkeit beizumessen sei, und wie viel auch der Zerstückelung der metaphorischen Kategorie der Übertragung in Sprache und Psychoanalyse, sofern das zu trennen ist, selbst. Schließlich betont die »Urszene« die bloße Herkunft aus einem davor Liegenden, aus dem Frühesten überhaupt, und betont mit solch sprachlicher Betonung – »Ur-« klingt stärker als »er-« und tiefer als »irr-« – eben dies: die »Herkunft« aus der Sprache oder eher ihren »Eintrag« in Klang und Schrift ihrer iterativen Kompositionen.

Die Erfahrung, die Szene, Bühne und Inszenierung, die Markierung einer Herkunft im Anklang; der begriffliche Verweis, die semantische Übertragung, die Inschrift des Sprachlichen lassen die »Urszene« in Verschiedenes zerfallen, sodass, was »Urszene« heißt, gerade dieser zusammengeschriebene Zerfall ist: Jedoch ohne es zu sein, da »es zu sein«, sich hier selbst nur erfahren und begreifen, darstellen und ausbreiten, ableiten und verweisen lässt im Zuge dessen, was diese Vorgänge und Verben von der »Urszene« her heimsucht, und dieses führt, zumindest das kann man einstweilen sagen, an die Grenze des Verstandes, der ontischen Bestimmbarkeit und der ontologischen Kategorien. »Urszene« ist ein Wort für den Begriff einer Erfahrung des sich zersetzenden Begreifens schlechthin – so es geschrieben *ist*, was heißt, dass es, nur geschrieben, nicht ist. Was davon bleibt, lässt sich nun, *in principe* zumindest, noch aufreihen.

Das Eine ist die Erfahrung. Für die Philosophie hat die Zweiheit, die sie im Begriff der Erfahrung und in der drängenden Frage des Einen vorfindet, stets, und dies nicht erst seit dem Empirismus, der das *experimentum* der Neuzeit als *experience* verinnerlichte, eine auf mehr oder weniger explizite Weise artikulierte Einheit gebildet.[65] In dieser profilieren sich die Metamorphosen des Erfahrungsbegriffs vor der Mannigfaltigkeit des Einen als dem Einen und Ersten der Erkenntnis; als die wie auch immer brüchige oder sekundäre Einheit des Subjekts, das dieser Erkenntnis zugrunde liegen, ihr zugrunde gelegt oder in ihr gebildet werden soll; als das Rätsel des Einen selbst als Einheit jeder Zahl oder Umriss jeder Form; als terminologische und idiomatische Differenzierung zwischen dem *hen* und dem *pan*, von der Totalität des Ganzen, über den Zusammenhang von Allem, zu den Singularitäten des Einen und Einzigen;[66] als letztes Wort der Metaphysik oder als erster Anspruch der Transzendentalphilosophie. Und für die Mystik, welche diese Philosophie, sei's untergründig, sei's als zu Rationalisierendes oder auch als Stück an ihr, begleitet hat, war diese Verbindung von Einheit und Erfahrung – auch unter dem Namen des Erlebnisses oder des (inneren) Erlebens – von jeher gegeben, war die *unio mystica* doch immer gebunden an ein »Erfahrung« Genanntes, sowie an die Techniken und Rhetoriken, die sie auf direkten oder indirekten Wegen ermöglichen sollten.[67] Die Annahme schließlich eines Ereignisses, dessen »Erlebnis« zwar unwiederbringlich vergangen oder einer Erfahrung, die zwar in jeder Hinsicht uneinholbar sei, die aber dennoch ein Leben als es bestimmend heimsuchten, und welches ein Roman in die Erzählung oder das Gedicht in eine Form am Rande der Sprache zu überführen gehalten seien: Diese beharrliche Annahme spricht von einem Verständnis der Literatur, das diese dem einen unterwirft, das sie selbst nicht wäre, und das stets aufs Neue – und derzeit in einer wieder schamloser formulierten Sehnsucht nach der Verbindung von Präsenz, Plötzlichkeit, Erfahrung und Ästhetik – Urstände feiern kann.

Das andere ist die Szene. An sich selbst schon ist »Szene« anderes, entweder weil sie, wie im Französischen als *scène*, zwischen der Bühne, dem ausgedehnten Raum und dem genrebedingten Abschnitt eines Dramas Heterogenes ineinander fügt. Oder weil sie, wie im Deutschen, diese Mannigfaltigkeit verlierend an diese als das Abwesende einer Fremdsprache, die der Übersetzung bedarf, in sich erinnert. Oder, wie *skênê* im Griechischen, wo sie als Gegensinn – von daher bereits ein »Urwort« – den größten »natürlichen« Unterschied, den von Schein und Schatten als gegensinniges Schema in sich birgt.[68] Von diesem *chiaroscuro* aus hat sie vielleicht den Doppelsinn des verdeckenden Zeltdaches einerseits und, andererseits, des Aufbaus, auf, vor oder unter welchem ein Geschehen offenbart wird, zum Austrag gebracht. Die »Ausdehnung« dieses Wortes, seine unterschiedliche Bedeutung gebende und entziehende »Aktion«, sowie das sprachliche Schauspiel ihrer mühevoll gehaltenen und künstlich umrissenen Einheit ist der gewaltsame Ausbruch dessen, was einem an Szene an ihr selbst gemacht wird, wenn man sie nicht anderes sein lässt. Und diese poetische und selbstständernd-hysterische Kraft der »Szene« schreibt sich fort in der Poetik, die sie an ihren Platz verweisen will. Denn seit Aristoteles' berühmter Unterordnung der Schau unter den *Vorgang* des Schauspiels[69] sind Bühne, Bauten, Raum und auch Zeit Staffage des Szenischen: ein wildes Äußerliches am schematischen Platze eines Anderen. Dieser wird ihnen vom Einen des kathartischen

Effekts, des auf der Bühne Dargestellten, der Einheit der Poetik oder der Vereinheitlichung einer politisch-ästhetischen Inszenierung zugeschrieben. Von den verschiedenen Reinigungen und Einigungen, die auf der Matrix der *katharsis* vollzogen werden und von denen sich zu entfernen, wie Philippe Lacoue-Labarthe gezeigt hat,[70] die Theorie des Theaters große Mühe hat, liegen nicht die geringsten in demjenigen Vorgang, in dem das Theater von der Szene purifiziert wird, dieses zu »Erfahrung« oder »Erlebnis« wird, in denen das Auseinander der Inszenierung zusammenschnellt auf die kategoriale Einheit des Effekts. Noch Artauds *Théâtre de la cruauté* ist als Theater des »Plastischen« und »Physischen« mit der Abschaffung der *scène* als »Rampe« genau die Überbietung desjenigen an der Szene, was von jeher zum bloßen »Ausdruck im Raume«, dynamischer Expression der Verräumlichung und somit zum Verlust der Einheit tendierte. Die Zusage zur »metaphysischen Versuchung«, die Bestimmung des Theaters als lokalisierbare »Funktion«, gleich der Abfolge der Bilder im Traume, sowie die Definition der Grausamkeit nicht als Rohes und Blutiges, sondern als »Entscheidung« und »Strenge« unterstreichen diese Kraft der »szenischen Sprache«, die Einheit zu sprengen, und den Beherrschungswillen, der ihr entgegenschlägt.[71] Sowohl die Verdammungsgeschichte des Theaters, die mit Rousseau als Höhepunkt deren Schlechtes weniger auf das Dargestellte als direkt »auf die Bühne *(scène)* bezieht«,[72] bedient sich dieses Schema als auch Benjamins preisende Formel von der »Exponiertheit des Anwesenden« im epischen Theater.[73] Während, so Rousseau, der öffentliche Redner noch Mensch und Figur als »dasselbe Wesen« ist, darin Eins bildet, und damit schlicht »an seinem Platze« ist, könnte niemand, der auf der Bühne ein Darsteller ist, dieses und dort einfach sein, weder ein »Wesen« noch »dasselbe« noch auch Eines bildet: Er bleibt schlicht als »sur la scène« beschrieben verdammt.[74] Und das epische Theater wird, nach Benjamin, solches Gerinnen am dialektischen Orte des Gegensatzes, welche der Szene ihren Platz einräumt, mit dem »Stillstand« einen Namen geben wollen, um freilich im befremdlich kurz markierten »Augenblick« ihn dieser Einbettung in einen verdrehten poetischen Aristotelismus zu entreißen, sodass die Bühne als Inszenierung des Anderen für einen Moment ganz nackt vor aller Augen dasteht. Denn das epische Theater »lässt das Dasein aus dem Bett der Zeit hoch aufsprühen und schillernd einen Nu im Leeren stehen, um es neu zu betten.«[75]

Hinzu kommt noch, was fehlen wird. »Das ist nicht mehr zu haben« hatte Freud einer Dame gesagt, und schon kam es als Rede von einer Rede im Traume derselben Dame wieder, »behandelt, zerstückelt, leise verändert, vor allem aber aus dem Zusammenhange gerissen«, um in solchem Ausriss zu bestätigen, was Freuds eigenes Wort selbst gewesen war, nämlich, dass »die ältesten Kindheitserlebnisse *nicht mehr* als solche *zu haben sind,* sondern durch ›*Übertragungen*‹ und Träume in der Analyse ersetzt werden.««[76] Solch glückliches Zirkulieren »[v]on mir selbst« zu »mir selbst« kann Wiederholung, solche Übertragung eine Form der Nachträglichkeit und eine solche Notiz davon der analytische Zusatz einer Konstruktion genannt werden, welche all dem, was als solches nicht mehr zu haben ist – allem also, was überhaupt, seit die Psychoanalyse der Ontologie begegnete, nicht mehr einfach ist –, den Entzug ihres Ursprungs und dessen Eintrag schenken. Und alle »Ur«-Worte sind Einträge dieser Art: Spät in der Sprache gebildet – Pate ist, für die meisten unter ihnen, Goethe mit den selbst geschöpften *Urphänomen, Urpflanzen, Urtieren* und *Urdingen* – schwillt in ihnen das unbetonte und unscheinbar verbal verwandte »er-« als nominaler Zusatz »Ur-« zur Betonungsform. Wenngleich auch so noch Synkategorem, und als solches selbst nichts bedeutend, gelangt es zur »*Verwendung des ersten, anfänglich vorhandenen, ursprünglichen, unabgeleiteten, originalen, primitiven, unverfälschten, reinen u. dgl.*«,[77] indem es die bloßen und schlichten *ab, heraus, weg,* welche es »ursprünglich« bezeichnete, mit dem Sinn des Anfänglichen und darüber hinaus Frühen und Ersten belegt: Eine Verzeitlichung, im Modus der Anfänglichkeit, einer Verräumlichung. Die Bedeutung der »Ur-«Worte als auf das rein Anfängliche verweisende kommt sozusagen durch ein linguistisches ›Zurückphantasieren‹ zustande, das auf klanglich und schriftlich markierte Distanz zum bescheiden Abstand anzeigenden »er-« geht, um eine eifersüchtige Anlehnung zum Worte des »Ursprungs« zu suchen, das alleiniger Garant für diese Bedeutungsübertragung ist, weil es etwas früher bereits seine weniger bedeutsame Semantik des bloßen Hervorkommens hier und dort und nicht bloß am Anfang hinter sich gelassen hatte. Wenn Freud ganz goethisch zu den Konstruktionen der »Urszenen«, »Urgeschichten« oder »Urphantasien« greift, kann er auf jenen linguistischen Mechanismus vertrauen, dessen psycho-historische Analogie ihm jedoch gerade im Zusammenhang mit solchen Szenen in den »Nachträgen aus der Urzeit« zum *Wolfsmann* der Gegenstand der »heikelsten [Frage] der ganzen analytischen Lehre« (IN 137, Anm. 1) zu sein scheint: Derjenige Mechanismus, der aus Späterem und von der Seite Herbeigezogenem die Bedeutung historischer Wahrheit und, als »Vergangenheit«, das unabänderlich Geschehene macht. Auch dieser Mechanismus, merkt Freud an, war ihm schon frühzeitig und privilegiert begegnet: »Sowohl die Rolle der Phantasien für die Symptombildung als auch das ›Zurückphantasieren‹ von späten Anregungen her in die Kindheit und das nachträgliche Sexualisieren derselben habe ich als erster kennen gelernt […]« (ebd.) Was wohl auf eine frühere Stelle in der *Traumdeutung* zurückverweist, wo die Szene mit anderem Vorsatz auftaucht, und wo das radikal Nachträgliche und der Ersatz verwandter Bedeutung gleichsam eine Allegorie auf die sprachgeschichtlichen Vorgänge bilden, durch die ein Wort wie »Urszene« in den Genuss eines semantischen Substrats des anfänglich und rein Entsprungenen kommt, das nie gegeben war. »Der Bruder ist nichts anderes als der in die Kindheitsszene durch ›Zurückphantasieren‹ eingetragene Vertreter aller späteren Nebenbuhler beim Weibe.«[78] »Urszene« ist nichts anderes als die schwer zu rahmende Sprachszene von solchen Verwandtschaftsbeziehungsaffekten unter Bedingungen der Nachträglichkeit und Übertragung – was eine ungefähre Umschreibung all dessen wäre, womit Psychoanalyse zu tun bekommt. Notwendig ist, die Unmöglichkeit der reinen Unterscheidung dessen, was unter »Urszene« in »Familienszene« und »Sprachszene« zerfällt, anzuerkennen und dennoch die, mal traumatische, mal ironische, Kontingenz solcher Schicksalsverläufe nicht zu vergessen. Wenngleich die Erinnerung daran im Modus spintisierender Konstruktion daher kommen mag: Wäre beispielsweise das vom goethezeitlichen Willen zum »Ur«-Wort Umworbene nicht der »Ursprung«, sondern etwa die »Urfehde« gewesen, dann wäre die Wortgeschichte anders verlaufen und die Urszene heute das Heraustreten aus der Szene, wie jene das Ende des Streites und nicht seine älteste Grundlegung ist: Die Urszene wäre folglich Parekbase und die Poetik, die sie heimsucht, nicht die verfasst vorliegende der Tragödie, sondern vielleicht die verschollen geglaubte der Komödie.

Wohl wäre es möglich, die Frage der »Urszene« zu drängen, in diesem angerissenen Schema vom Einen und Selben (der Erfahrung), vom Anderen (der Szene) sowie dem, was sich dazu nicht mehr fügen, sondern nur noch hinzufügen lässt, weil es die Wiederholung des

Fehlenden bleibt, ihre Antworten zu finden. Mit dem »Erlebnis«, ihrer »Darstellung« als Ent-Aneignung und der Fügung ihrer Anordnung in Raum, Zeit und Sprache als unvordenklichem Schematismus, als Erinnerung, als Konstruktion, Phantasie, Fiktion oder Theorie bringt die »Urszene«, was die Zählbarkeit, Dialektik und Darstellbarkeit von ihr fordert, in einen inneren Bezug. Durch beide, Erfahrung und Szene, sowie durch das Dritte, das sie zu bilden streben, zieht sich der Entzug, der mit dieser Verbindung einhergeht und der sie, ja jede Ordnung für Anordnung überhaupt, zugleich bestimmt.[79]

So scheint es aber, dass »Urszene«, als Zusammenschrieb ihrer elementaren Dreiheit, vor allem eine Aufgabe des Denkens sei; sie scheint zu erlauben, das Gewichtigste ineinander zu fügen: die Dialektik des Selben und Anderen mit ihrem Schema, sowie die Reihung aus Einheit der Erfahrung, ihrer Darstellung und ihres Bezugs zur Sprache. Für einen Moment muss es so erscheinen: Dass alles Denkbare »Urszene« ist.

So gedacht gibt die Urszene der Psychoanalyse im Entzug Kategorien, Schemata, Begriffe und Modalitäten des Denkens selbst.[80] Sie scheint zu erlauben, diese Anordnung als »problematisches« Gebilde in die hypothetische Setzung, dass es etwas wie »Urszene« gebe – in Psychoanalyse oder sonst einer diskursiven Unternehmung – einzuschreiben. Was sie zurückerhalten könnte von der Psychoanalyse, ist die Erinnerung an die einem solchen Urszenendenken selbst eigene Faszination für das, was »Urszene« eben verspricht, nämlich »Ursprung« oder »Wesen«, deren »Fassbarkeit« und »Darstellung«, sowie »Kritik« und »Spekulation« über diese. Eine solche Rück-Erinnerung der Psychoanalyse ans Denken der Urszene würde wahrscheinlich an Übertragung erinnern, in der Deutung überraschen und vielleicht die Form einer bloßen Anmerkung wählen; was das Erinnerte, dem es um größte Nähe zur Urszene der Urszene »selbst« ginge, wohl wiederholen würde, vielleicht, indem es Übertragung übertragen, Deuten deutlich und die Anmerkung wörtlich angemerkt nehmen würde.

Man wäre an Hölderlin erinnert. Denn in seinen »Übertragungen« des *Ödipus* und der *Antigonä* sowie den *Anmerkungen* geht es um die Elemente einer »spekulativen Urszene«: Erfahrung (als ›Erfassen‹ und ›Begreifen‹), Ent-Aneignung (als »Eineswerden […] durch Scheiden«[81]), sowie Nachträglichkeit und Wiederholung in Schrift und Sprache, als Wiederholung ihrer selbst (als »*Transport*«, »Zäsur«,

»Kalkul« usw. [AÖ 309ff.]). Doch wo die »Urszene« sich am nächsten kommen will, wo sie, über den Umweg von Übertragung und spekulativer Erfahrung, die Reinigung des Szenischen auf die Zäsur und auf das Auseinander und das reine Wort bringen will – da zerspringt sie nun in kaum noch Begriffliches. Hölderlins Arbeit am Ödipus ist die Bezeugung dieses Zerspringens. Ödipus, dessen Komplex die Urszene rahmt, gibt so, durch diese Bearbeitung, an der Grenze des Szenischen und jenseits eines zeitlichen Davor, eines räumlichen Innen oder eines wesentlichen Als-solchen, die Unszene des *Denkens* der Urszene zu lesen.

Es ist eine eigenartige *mise en abyme*: Ödipus, Namensgeber und Handelnder in dieser einen – nebst der mit Namen seiner Tochter – von zwei Tragödien aller Tragödien, in welchen sich nach aristotelischem Diktum umso mehr das Andere, welches Szenisches ist, im Dienste der Transparenz in die reine Einsicht entzieht, lässt diesen Entzug selbst auf die Bühne bringen. In der gesprochenen Handlung spricht die Poetik der Sprachhandlung und macht vor, was Poetik nur noch nachträglich in Schrift setzen muss. Denn die zentralen von Aristoteles geforderten Elemente einer Tragödie sind nicht nur in der Handlung des Dramas über Ödipus vorhanden, sondern sie sind zunächst in dessen Rede über etwas vermeintlich ganz Anderes, nämlich über die Bereinigung des akuten Unglücks und die Handhabe des Orakels und dessen Verweise auf ungewiss Gewusstes, Vergangenes und Zukünftiges, wiederholt. Es gehe von Anfang an darum, sagt Ödipus der Theoretiker, »hier, wo die herumstehen [...] vor allen [...] Reinigung« (vv. 90–98)[82] durchzuführen, als preise er die Vorzüge einer Tragödie; man müsse das »Dunkle [...] erforschen« (v. 128), um die Ausdehnung ins Unbekannte und in die Vergangenheit, hier und jetzt, ausdehnungslos in Transparenz zu überführen: »Von Anbeginn will aber ichs beleuchten.« (v. 131) So gibt Ödipus in der Szene, auf der Bühne, an der Rampe Poetologisches zum Diktat, indem er von seiner Handlung in tragischer Verdrehung von Anfang an das ausspricht, was die Sprachhandlung jeder Tragödie so, dass sie Szene und Bühne vergessen machen kann, nachträglich sein soll. Es ist »gleichsam nur eine Analysis«, schrieb Schiller an Goethe dazu am 2. Oktober 1797: »Alles ist schon da, und es wird nur herausgewickelt.« Diese Analyse, die »gleichsam« nur in Raum und Zeit zerdehnt, was um ein einziges Mal herum sich drehen soll, verwickelt sich jedoch im Vollzuge ihrer selbst. Die Tragödie »*Ödipus*« ist einmal zuviel vielleicht reflektiert.

Sie soll auf das Hier und Jetzt kontrahieren, und sie bedient sich dabei der Verdoppelung der Szene als Spiegelung durch Ödipus selbst. Der stellt das schaulos Einsichtige des Tragischen auf der Bühne zur Schau und redet dabei vom Klarlicht der Reinigung, damit es in der Tragödie und für die Tragödie zu einem Durchstreichen der Szene komme, damit diese nicht mehr als Gezeigtes, sondern nur noch als zu lesen Gelassenes übrig bleibe. Er überspringt gleichsam das Hören der Tragödie, das für Aristoteles deren eigentliche Ästhetik war,[83] und darin überdehnt sich die Konzentration aufs wesentliche Moment in einer solchen Weise, dass Ödipus, die Charaktere, gegen das aristotelische Diktum vom Fehlen solcher Elemente der Darstellung wie Charakter verstößt[84] und sich selbst, seiner Rolle, seinem Sprechen, und der Unmöglichkeit ihrer Unterscheidung unter der Maske eines »Selbst« zuviel Worte verleiht: »Nicht fremder Lieben wegen, / Selbst, mir zu lieb, vertreib' ich solchen Abscheu.« (vv. 136f.) Für einen Moment ist es, als träte »Ödipus selbst« – wer immer das alles ist – in die Szene. Zur Schau stellend, was sich dem Schauspiel entziehen soll, erfüllt insbesondere sein Eintrag als Hölderlins *Sophokles' Oedipus*, von vorneherein, aber exzessiv und in eigentümlicher Übertragung, die späteren Anforderungen des Aristoteles. Nicht so sehr als das gleichnamige Stück, sondern als das Ganze seines wesentlichen Teils, als jene Rede, die die Person auf den Namen reduziert. Eine Rede, welche so nicht mehr die Erzählung einer Handlung, sondern vielmehr die Handhabung des notwendigen Entzugs der unwesentlichen Teilstücke der Tragödie, Bühne und Inszenierung, zu einer Schrift macht, die sich beizeiten und an eigentümlichem Orte manifestiert.

»Die *Verständlichkeit* des Ganzen beruhet vorzüglich darauf, daß man die Scene ins Auge faßt [...]«: So scheint Hölderlin, fällt man ihm hier ins Wort, dem Aristoteles gleich mehrfach zu widersprechen, einmal in der Wendung, die die »Szene« als Textabschnitt auf die Bühne metaphorischer Sichtbarkeit hebt und sodann in der Schreibart, welche ihm eigen ist und die die Wörtlichkeit der Metapher ins Auge springen lässt. Solch Inszenieren insistiert nun auch am höchsten Punkte des Anmerkens: »Die Darstellung des Tragischen beruht vorzüglich darauf, daß das Ungeheure, wie der Mensch und Gott sich paart, und gränzenlos die Naturmacht und des Menschen Innerstes im Zorn Eins wird, dadurch sich begreift, daß das gränzenlose Einswerden durch gränzenloses Scheiden sich reinigt. Της φυσεως γραμματευς ην τον καλαμον αποβρεχων ευνουν.« (AÖ 315) Das Ins-Auge-Fassen der menschlich-göttlichen Kopulation in dieser vielleicht berühmtesten Stelle des Textes introjiziert der spekulativen Tragödientheorie, dem spekulativen Denken überhaupt – Denken von Identität und Differenz als grenzenlose Einheit des Einen und des Unterscheidens – eine ungeheure »Urszene« und führt zudem, in einem rätselhaften Zusatz, den Namen des Aristoteles, ohne ihn zu nennen, zwiespältig im Munde. Was hier als philologische Entstellung an überraschendem Platze in den »Anmerkungen zum Oedipus« viel zitiert und schwach erhellt auftaucht, verweist auf den Eintrag des Namens »Aristoteles« in jenem, in Bezug auf die Antike, späten Schriftwerk, *Suda* genannt. Dort wird jener genannt als der »das Schilfrohr in Sinn tauchende Schreiber der Natur«: »της φυσεως γραμματευς ην τον καλαμον αποβρεχων εις νουν«.[85] Diese Definition bestimmt den Aristoteles wohl verunglimpfend, denn der *grammateus* ist für den Schreiber der *Suda* bloßer Kopist wie Bouvard und Pécuchet und Bartleby. Und auch wem genau die von Hölderlin seinerseits wohl übernommene Alteration – »ευνουν« statt »εις νουν«,[86] aus welcher sich ergibt: »Der Natur Schreiber war, das Schilfrohr eintauchend das wohlgesinnte«[87] – nun zugeschrieben ist: dem Szenographen Sophokles oder dem die Nachahmungstheorie auf der Bühne nachahmenden Ödipus oder dem die Mimesis als Übertragung pervertierenden Hölderlin selbst oder als Hinweis jedem Leser – bleibt unklar. Wohl oder übel sinnend bleibt solches Schreiben aber dem Deuten übrig.

»Die *Verständlichkeit* des Ganzen beruhet vorzüglich darauf, daß man die Scene ins Auge fasst, wo Oedipus den Orakelspruch *zu unendlich deutet*, zum *nefas* versucht wird.« (AÖ 311) Ödipus, so Hölderlins berühmte Interpretation, sich in den Urteilskategorien vergreifend, dehnt die Aufforderung, Ordnung im Staate zu halten, auf alles und insbesondere aufs »Besondere« der Sühnung des Laios-Mordes aus, von welchem zu denken und zu sprechen er Kreon durch sein Drängen zwingt. Doch solch kategorialer Missgriff lässt sich schwer nur begrenzen, und wiederum wiederholt *Oidipous*, indem er auf der Bühne das Deuten vormacht, was zum Lesen in der Szene nur unweigerlich führen kann. Die Deutung des buchstäblich

Sichtbaren wird zum *nefas* der Verständlichkeit, sodass es mit Sinn fast nicht mehr zu fassen ist. Sich verheddernd in den Verheerungen der Erhellung streckt nun die spiegelnde Vervielfachung, die Oedipus selbst wie eine abscheuliche Schwellung zugefügter Buchstaben an sich herumträgt – was seinen Namen von jeher dementsprechend bedeutungsreich entstellt –, die ideal momentane, spekulative Reduktion der szenischen Ausdehnung, die Aristoteles ihm nachträglich vorgeschrieben hatte, und welche Hölderlin anders buchstabiert, über die Maßen, sodass sie jenen verdichtenden Rückbezug selbst »argwöhnisch ins Besondere deutet«. (AÖ 311) Denn gerade da, wo es um den Bezug zu ihm selbst geht, der als tragischer Wille zum Wissen bekanntlich sein Schicksal ist, lässt sich »*zu unendlich deuten*« (AÖ 311), zumindest aber gedehnter. »Nicht fremder Lieben wegen, / Selbst, mir zu lieb, vertreib' ich solchen Abscheu.« (vv. 136 f.) – Und nicht nur wird der einfache Bezug, den Ödipus beispielhaft nennt: »mir zu lieb«, zur nicht sicht-, allenfalls hör-, besser noch markierbaren Entstellung eines exzessiven Narzissmus: »mir *zu* lieb«, sondern er drängt in einer einzigen Zeile zu wiederholen, was doch markiert, sein Ziel bereits erreicht zu haben: »treffend ... treffend« (v. 132). Was diesmal nicht den Aristoteles wiederholt, sondern Hölderlin selbst, der bekanntlich in der Ersetzung der »griechischen [...] Haupttendenz [...], sich fassen zu können«, durch diejenige, »etwas treffen zu können«, die Anpassung an die »vaterländischen Vorstellungen«[88] sah, wozu Übertragung und Anmerkung dienen sollten. Ödipus notiert all das.

Doch hat es mit seinem Drama wenig zu tun, viel jedoch mit der Szenerie, die den Ursprung und die Erfahrung poetisch, als Anfang und Wissen, vor dem Hintergrund einer ›Ururszene‹,[89] die Ödipus nicht einmal gesehen, sondern selbst immer wieder mitgemacht hat, und die im Schutzzelt der »ursprünglichen« *skênê* ungesehen verbleibt, exponiert. Im rohesten Kontakte mit der Urszene faltet sich die Mehrzahl, die wir in ihr zu sehen gewohnt sind, geradezu in eins, und das hat ein wörtliches Korrelat, das wiederum nicht fern liegt und als zu Deutendes bereits wiederholt: »Eben dies [...] Allesdeutende ists auch, dass sein Geist am Ende der rohen und einfältigen Sprache [...] unterliegt.«

Ödipus wusste es von Anfang an, er wusste, was es mit der Erfahrung, der Szene, der Einen und dem Anderen, sowie der Sprache auf sich hat, und er tat, was in der verfahrenen Situation, die die seine war, von einem Sprechenden, der in die Nähe dessen kommt, gefordert ist: Er hat es in der Szene auf der Bühne gesagt, besser: Wir lesen es, weil es geschrieben steht, unter dem Namen »Oidipous«, wofür sein Text Sorge trägt: »Ich weiß es, habs gehört, nicht wohl gesehn« (v. 105) – geschrieben unter dem Namen, der selbst als angerissenes Kryptogramm dieser Zeile anfänglich unterliegt, welche sich transliteriert wie folgt liest: »exoid'akouôn ou gap eiseidon pô«. Zunächst kürzt im Anklang der Zeile fürs Silbenmaß auf »exoid'« der Urtext das Verb *exoida* ab, welches bedeutet, »etwas durch und durch zu wissen« (ein »Urwissen« beinahe zu haben) und schreibt dem Namen *Oidipous*, der im von jeher kommentierten Wortkomplex das Schwellen *(oidaô)* und den Fuß *(pous)* zusammenschreibt, zusammengedrängtes und geschnittenes Wissen *(-oid')* ein, um ihm dasselbe zwei Tragödien später noch einmal anzutun, wenn es darum geht, in ihn den Menschen zu stauchen, der er als bloß Redender noch nicht zu sein scheint: »exoid'anêr ôn«: »ich weiß wohl ein Mensch zu sein« (*Ödipus auf Kolonos*, v. 567). Und »Mensch!« war ja bekanntlich seine erste Einsicht, die er wirkmächtig einzusetzen wusste, und vielleicht wusste er stets nur wenig anderes mehr als solches, weniger aus dem Munde gesprochenes als aus dem Kopfe seines Namens herausgeschriebenes Wissen: Die banale Kontingenz des Sprachlichen, die gemacht hat, dass das Perfekt des Verbs »ich sehe« *(eidô)* dazu kam, »ich weiß« *(oida)* zu bedeuten, gekoppelt an Elision und Ästhetik, erlaubt dem *Oidipous* ein verhohlen notiertes Oxymoron, das sich in der Übersetzung verliert, und von dem man nicht weiß, ob es von denen, die ursprünglich das Stück auf der Bühne sahen, als solches noch gehört werden konnte – zu ›roh‹ und ›einfältig‹ mag derartig dicht an der Sprache Bedeutendes sein. Wer denkt schon, beispielsweise, bei der Einfalt an die Faltung, bei der Erfahrung an die Fahrt?

Wer allerdings nicht, wenn er nachdenkt? Lesbar ist allemal, dass diese Verfahrensweise Erfahrung und Nicht-Erfahrung, Wissen und Nicht-Wissen ineinander drängt, sagt doch Ödipus, er habe wohl gesehen, ergo wisse, weil er hörte, aber nicht sah, und das geht auch noch aus dem Angesicht seines Namens hervor. Zum Glücke der gefassten Deutung verdichtet die Zeile: »Ich weiß es, habs gehört, nicht wohl gesehn« vielfach, was an Poetik und Problem den Ödipus bestimmt, sodass solches Wortgespiele in der »ästhetischen Erfahrung« oder der »Reflexion« über diese am Rande ihren Platz erhalten könnte. »Alles ist schon da, und es wird nur herausgewickelt«, und zudem, solch begrenzbarer Entfaltung und ihrer Erfahrung nur anfänglich widerstreitend, ist im »schon da« fast alles bereits verwinkelt eingeschrieben: Das Wissen, das Hören, das Sehen, die Erfahrung, die Rede auf der Szene und die Szene der Rede und der uneinholbare, zugleich stumpf und stofflich buchstäbliche, nur schwer hör- aber sichtbare, somit les- aber kaum begreifbar zu machende Verlust im Stücke eines Namens und im Begriffe für solches Geschehen.

Doch die bruchstückhafte Erinnerung eines Namens im Äußeren der Sprache, solche gering zu schätzenden Brocken eines kaum noch deutbaren Materials haben eigentümliche Beharrlichkeit – wer oder was immer auch gerade Träger oder Subjekt von solcher Wiederholung ist. *Oidipous* lässt in der Tat nicht nach, sondern insistiert. Schon die nächste Zeile, die ihm gegeben ist, lässt seinen Namen bereits in ihrer ersten Hälfte, vor der Verszäsur, ganz, aber ganz zerstreut, in völligem Unverständnis der Lage in den Gegenden der Mehrzahl auftauchen, entstellt allein im hauchenden Anlaut der Rede selbst: »Doch wo zu Lande sind die?« (v. 108)[90] Was *Oidipous* transliteriert: »h*oi d'eisi pou* g*ês*;« Diese gänzlich unsinnige, nur noch sinnliche Niederschrift des Namens geschieht nun nicht mehr, um, wie zuvor, den Zusammenhang von Wissen und Erfahrung des Hörens und des Sehens in szenischer Rede allen auseinanderzusetzen, sondern um solch Reden endgültig im Nichtwissen eines quasi zeichentheoretischen Vokabulars *avant la lettre* gänzlich zur fehlgeleiteten Frage werden zu lassen, das Fragepronomen eingeschrieben am Ende des Namens wiederholend: »Doch wo *(pou)* zu Lande sind die? wo *(pou)* findet man / die zeichenlose *(dustekmarton)* Spur *(ichnos)* der alten Schuld?« (vv. 108f.) – um Kreon noch einmal die Antwort wiedergeben zu lassen, die der zeigende Gott in Delphi orakelhaft vorgegeben hatte, dass nämlich in dieser Gegend selbst schon alles da sei: »In diesem Land, sagte er«: »*en têd' ephaske gê*« (v. 110). Gegeben vom untergründig sich ausbreitenden Anfang an, ist alles da in dieser Szene als endlos schwer auszumachender Term: »dustekmarton«. Dieses Wort ließe sich nun ohne viel Weiteres als »interminable« übersetzen, was wiederum an viel zitierte und übertragene Syntagmen erinnert und somit an eine eigentümliche Separation, die durch Konjunktion, Komma oder Zäsur inszeniert, Psychoanalyse, Sterben und die Urszenerie des Tragischen aneinanderreihen lässt:

»Die endliche und die unendliche Analyse«; »Agonie terminable, agonie interminable«; ›Ödipus deutbar undeutbar‹. Und wie diese und jene zerfallen diese Zeilen und der Ödipuskomplex insgesamt in ein Endliches, Zähl- und Markierbares, sowie ein unendlich, schwer oder nicht markierbar Scheinendes, ohne Term. Wie diese Spaltung sich auf die – rhythmisch oder spekulativ – lokalisierbare Zäsur bezieht, wie sie, »gränzenloses Scheiden«, die Dehnung einer differenzierenden Grenze bis an die Grenze ihres Verschwindens bringt: Das ist eine Frage, die Schillers und jedwede poetologische Einsicht ins ödipale Geschehen, »gleichsam eine Analysis«, unversehens in die »unendliche Analyse« überführt. Vielmehr noch richtet dies an die Analyse selbst, übertragen, gebrochen, den Wunsch, in sich selbst diese Verfahrensart nicht zu vergessen und einer »-lyse«[91] *tout court*, deren Spur noch sich verliert, Raum zu geben. Anders gesagt, Deutung und Desaster aneinander anzunähern.

Diese Zeilenstücke des *Oidipous* – »Ich weiß es, habs gehört, nicht wohl gesehn […] Doch wo zu Lande sind die? wo findet man / die zeichenlose Spur […]?« – lassen sich nun, ihrer syntaktisch-grammatischen Logik nach, in unendlicher Zahl, aber immer nur in Form einer kleinen, in gebrochenem Satzgefüge geklammerten endlichen Erzählung weiter transliterieren, und diese schreibt in begrifflicher Paraphrase jeweils fort, was die »Urszene« wird, wenn sich der Ödipus szenisch redend ihrer zu ermächtigen sucht: ›Ich habe einen Begriff davon, es verstanden habend, aber begriffen habe ich es nicht / Ich habe Einsicht davon, es gehört habend, aber ansichtig bin ich seiner nicht geworden / Es ist mein Erlebnis, es erfahren habend, aber erlebt habe ich es nicht – und dies zersplittert meinen Namen, in Spuren, Fragen, unsinnige Mehrzahl, und dies ist als eigentümlich Geschriebenes unrettbar unleserlich leserlich.‹

Aber was ist solch ein Lesen, welches vom Schreiben kaum zu unterscheiden, wie ein Erinnern, das vom Konstruieren kaum zu trennen ist? Und in welches die »Urszene« mündet, wenn man, wie Ödipus, die Szene in ihr schmerzlich ernst nimmt, und von ihr spricht?

»Zum Inhalt dieser Szene musste führen, was der Träumer aus dem manifesten Trauminhalte hervorhob, die Momente des aufmerksamen Schauens und der Bewegungslosigkeit. Wir erwarten natürlich, dass dies Material das unbekannte Material der Szene in irgendeiner Entstellung wiederbringt, vielleicht sogar in der Entstellung zur Gegensätzlichkeit.« (IN 60) Die wiedergebrachten »Bruchstücke« reiht Freud sodann in folgende Gliederung: »*Eine wirkliche Begebenheit – aus sehr früher Zeit – Schauen – Unbewegtheit – Sexualprobleme – Kastration – Vater – etwas Schreckliches.*«

Inwieweit ist es nur Deutung, dieser Reihung Material in Stücken aus der »scène primitive« zur Seite zu stellen, in »Entstellung« oder nicht, zur Gegensätzlichkeit oder ferner, schwächer und stärker entstellt zugleich? Was man hervorheben kann, sind die Bezeugung in Brieform, Fiktion und Hypothese (U): »Setzen Sie [...]«; die Altersangabe mit sieben oder acht, aber auch die die *Ecriture du désastre* durchziehende ständige vergehende Vergangenheit; der »langsam nach oben in Richtung des Himmels« (U) gerichtete Blick; die objektale Immobilität: derselbe Himmel; das Absolute (schwarz, leer) (U), die Abwesenheit und Leere von Gott (AL); die Verheerung, das Desaster; die Freude und die Tränen. Ergibt das nicht, um ein fast zentrales Fehlen herum: *Eine supponierte und notierte Wirklichkeit – aus sowohl früher Zeit als auch aus dem ohne Zeit – Blicken – Unbewegtheit und Identität – Verheerung, Desaster, Zerwirkung des Ganzen – Absolutes, Leere, Abwesenheit, entfernter Gott – Freude und Tränen?*

In welcher Weise hat nun das, was wir »Urszene« nennen, teil an solchen parataktischen Reihungen »selbst«? Liegt das »Urszenenhafte« – die Szene ihrer Ausdehnung, die Schreibweise ihrer Abkunft und die Erfahrung ihrer lesenden Aufnahme, die sich nicht zu fassen bekommt – nicht auch oder gerade im Schema dieses Rohstoffes in Bruchstücken? Liegt es nicht an dieser Wiederholung und Inszenierung der Hesiodschen Theogonie, in der Freud seine Version der Verknüpfung von Individuierung, Verzeitlichung, gewaltsamer Artikulation und Desartikulation des Lebendigen geschöpft hätte? Und an Blanchots Zerschreibung der negativen Theologie und Mystik? Dann wäre »Urszene« nur, wenn es eine solche Ausschreibung dieser oder anderer, metonymisch, also in *weiterer* Schreibung, unverbunden mit ihnen verbundener Elemente gäbe, und sie wäre »selbst« das Desartikulierte ihrer Notierung. Genauer wäre dann die »-szene« an ihr die unabdingbar inszenatorische Geste und das unrettbar Zerstreute dieser Reihung, eine »Aufeinanderfolge der Vorstellungen« (AÖ 310); sie trüge in sich »die primitive, uranfängliche Verinnerlichung der darstellerischen Aufspaltung«, wie Philippe Lacoue-Labarthe dies genannt hat.[92] Das »Ur-« an dieser Aufeinanderfolge wäre nichts als das, was diese Vorsilbe ohnehin, bestimmt durch den kontingenten Rhythmus der Sprache, selber tut: Sie wäre die nochmalige Betonung der unbetonten Bewegung, die diese Folge nicht ein einziges Mal hervor-, sondern ihre Abfolge unentwegt durchtreibt – ihr »*Transport*«; und nicht vom Anfange her wäre die Vereinheitlichung dieser Abfolge durch den unselbständigen Vorsatz gegeben, sondern, beinahe wie das »reine Wort, die gegenrhythmische Unterbrechung« dem »reißenden Wechsel der Vorstellungen« (AÖ 310) begegnet, wäre ihr schlicht von Anfang an die Unterbrechung vor- und eingeschrieben.

Nun hat aber Hölderlin den tragischen Konflikt auf die platte Form der Zeit allein gebracht, strenger noch, da der zeitliche *Moment* nur *ein* Element in dieser »kategorischen Umkehr« ist, auf eine formalisierte Anordnung, auf ein Schema der Zeit als Reim, Raum oder Reihe: Nur der Mensch ist noch Moment im *Oedipus*, »hiermit im Folgenden schlechterdings nicht dem Anfänglichen gleichen kann«; die Zeit selbst (der »Gott«) schon ist so, dass »Anfang und Ende sich in ihr schlechterdings nicht reimen läßt«. (AÖ 316) In der *Antigonä* schließlich sind »die Personen des Dramas [...] nur der Zeit nach verschieden, so daß das eine vorzüglich *darum* verlieret, *weil es anfängt*, das andere *gewinnet*, *weil es nachfolgt*.«[93] Diese Neutralisierung erlaubt nun, nicht den Moment *in* der Zeit oder die zeitlichen Momente, Vergangenheit, Gegenwart, Zukunft, sondern ihre Differenz zum Takt ihrer Szene zu machen, was die *Zäsur* poetisch und spekulativ erfasst. Die »Urinszenierung« dieser spekulativen Poetik, in der Vermehrfachung des »Ödipus selbst«, welche in Bruchstücken lesbar war, bildet nun allerdings eine Schrift aus, die, gleichsam in einer Wiederholung der »kategorischen Umkehr«, mit den ästhetischen Formen von Zeit und Raum, oder anderen Bestimmungen nichts mehr zu tun zu haben scheint.

»Wir sind am Rande des Desasters, ohne dass wir es in der Zukunft situieren könnten: viel eher ist es immer schon vergangen [...], vergehend indessen: Übergang.«[94] Und: »Es gibt keine Zukunft für das Desaster, wie es keinen Raum oder Zeit gibt, wo es sich vollziehen könnte.«[95] Diese Setzungen durchziehen die *Ecriture du désastre* bis zur »scène primitive«, ihrer Kommentierung und der Bestimmung: »Sterben meint: Gestorben, das bist du schon, in einer unvordenklichen Vergangenheit, gestorben eines Todes, der nicht der deine war, den du folglich weder erkannt noch erlebt hast [...]«, und weiter bis zur »unerlebten Erfahrung«.[96] Diese Sätze legen nahe, dass die

Schrift, die mit solch einer Trennung von Zeit und Raum in Bezug steht,[97] noch anders sein muss als alles bislang Gelesene. Und auch reicht wohl eine Zäsur nicht mehr hin, um die Umkehr aus der Zeit in die Formalisierung und Spekulation der Tragödie zu bezeichnen. Was Blanchot mit »*désastre*« belegt – und man kann das zunächst als schieres Stricheln nehmen, das nichts bedeutet oder bezeichnet, sondern jene »Differenz«, die unter anderem zu den Bestimmungen von Zeit und Raum gezogen wird und welche »wesentlich schreibt«,[98] weder »markiert« noch »ist«, sondern sie als »*désastre*« bloß ›da hin macht‹ –, dies differenziert anders als sezierend. »Das Desaster ist abgetrennt, das am weitesten Abgetrennte, was es gibt.«[99]

Die »*Zäsur*« Hölderlins liegt noch, auch wenn das schnell und grob gesagt ist, im Elan einer Vereinheitlichung: Auf wenige Zeilen gedrängt (AÖ 310) folgt der »rhythmischen Aufeinanderfolge der Vorstellungen« im Plural die Ersetzung durch den »reißenden Wechsel der Vorstellungen«, gefügt zum singularisierten »Wechsel der Vorstellung«, welcher den Umschlag hin zur Erscheinung der »Vorstellung selber« bahnt. Die dialektische Bewegung von Aufeinanderfolge, Wechsel, Selbstsein von Vorstellung hat selbst »auf ihrem Summum« nun »*das, was man im Silbenmaße Zäsur nennt*« und was für die spekulative Tragödienpoetik »die gegenrhythmische Unterbrechung« ist, sowie dem Sprachdenken »das reine Wort«. Philippe Lacoue-Labarthe hat diese Zäsur – im Komplex mit der Szene – zu denken gegeben und erlaubt zu markieren, dass sie, als »Summum« des »Wechsel[s]« eben die Dialektik selbst betrifft, an diesem Moment, an welchem Umschlagpunkt – negierter Wechsel als Nullpunkt des dialektischen Übergangs – und unendliche Veränderung – als Wechsel im höchsten Maße – ihre Unvereinbarkeit verdoppeln. Im Schnitt am Summum muss um ein Mal herum alles anders werden – und so die Zäsur selbst auch. Nicht mehr gebunden an den privilegierten Moment streut sie auch noch zu Beginn und schon gegen Ende – »*weil [...] in solchem Momente [...] Anfang und Ende sich [...] schlechterdings nicht reimen lässt*« –, schneidet nicht eines entzwei oder fügt zwei in eins, sondern reißt, schlicht, an und ab. Auch führt ins »*Silbenmaß*«, wie man sieht, sie »*Unmaas*« (AÖ 312) ein, und dies – ins Besondere –, wo die Zäsur als höchste Form der Spekulation der Szene, in »poetischer Logik« (AÖ 309) die »Urszene des Denkens« markiert. In dieser sind sie nun, im Unmaß ihrer Silben, beinahe Eines, wenn ihnen das nicht der Zug entrisse, der eben solches nur markiert. Wenn sie nicht miteinander zusammengeschrieben wären: Urszenenzäsur. Unsauberes Palindrom, übel klingende Paarung. Das würde nichts machen, als die unbedeutende Markierung, ur-wiederholend, mit Geräusch zu zerwirken, zwischen nichts aufnehmender Höhlung, dem Bogenschwung ihrer Öffnung, und abweisender Linie, Fortstrich ihres Terms.

Aber noch einmal: Wenn so zu lesen ist, was wäre dann »Urszene«? Nicht mehr die mögliche Urfiktion einer Konstruktion von wirklicher Vergangenheit und Erinnerung, sondern das notwendige Ur-irren eines realen Vergessens einer Schrift außer Sprache? Das »am weitesten Abgetrennte«? Und was hätte all das mit dem zu tun, was wir »das Sexuelle« nennen?

—

1 Sigmund Freud, »Aus der Geschichte einer infantilen Neurose« (1914/18), in: *Gesammelte Werke*, Bd. 12, S. 27–157, hier S. 65; im Folgenden durch die Sigel *IN* ausgewiesen.

2 Vgl. die Anmerkung der Herausgeber der *Studienausgabe*, Bd. 8, S. 158, Anm. 2; zu Freuds *Ur*-Bildungen, »Urphantasien« und Ähnlichem Jean Laplanche / J. B. Pontalis, *Urphantasie. Phantasien über den Ursprung, Ursprünge der Phantasie*, Frankfurt/M. 1992.

3 Sigmund Freud, *Briefe an Wilhelm Fließ. 1887–1904*, ungekürzte Ausgabe, hrsg. von Jeffrey Moussaieff Masson, dt. Fassung von Michael Schröter, Frankfurt/M. 1986, S. 253–257, Brief 126 vom 2. Mai 1897 und [Manuskript L].

4 Ebd., S. 255.

5 Vgl. Sigmund Freud, *Vorlesungen zur Einführung in die Psychoanalyse*, in: *Gesammelte Werke*, Bd. 9: 23. Vorlesung, »Die Wege der Symptombildung«, S. 372–391, insbes. S. 381.

6 Ebd., S. 386.

7 Das Problem der Zählung, die Zahl der Wölfe im Urszenen-Traum, der Umschlag von deren Anzahl in die Zeitangabe der »fünften Stunde« (IN 64f.), die

Frage der Datierung und des Alters zum Moment der Szene, ihrer Wiederholung, der Halbierung und Viertelung der Lebensjahre usw., bestimmen, was vielfach kommentiert wurde, den Fall des *Wolfsmann* von Anfang bis Ende, und bis zum späteren Zusatz der chronologischen Auflistung 1923 (vgl. IN 157).

8 Vgl. hierzu den Text von Philippe Lacoue-Labarthe, »Die endliche und die unendliche Agonie«, *supra*; sowie die Anmerkungen zu Maurice Blanchot, »Eine Urszene«, *supra*.

9 Maurice Blanchot, »L'expérience originelle«, in: *L'espace littéraire*, Paris 1955, S. 245-260, hier S. 254.

10 Maurice Blanchot, »L'œuvre et la parole errante«, in: *L'espace littéraire*, S. 45-51, hier S. 49: »Der zentrale Punkt des Werkes ist das Werk als Ursprung, derjenige Punkt, den man nicht erreichen kann, der einzige jedoch, den zu erreichen die Mühe lohnt.«

11 Maurice Blanchot, »Au sujet des *Nourritures terrestres*« (1942), in: *Faux Pas*, Paris 1943, S. 337-342, hier S. 339.

12 Georges Bataille weist in der *Inneren Erfahrung* diesen Satz als von Blanchot stammend aus; vgl. *L'expérience intérieure* (1943), dt. *Die Innere Erfahrung* nebst *Methode der Meditation* und *Postskriptum 1953*, übers. von Gerd Bergfleth mit einem Nachwort von Maurice Blanchot, Berlin 1999, S. 19.

13 Maurice Blanchot, »Les caractères de l'œuvre d'art«, in: *L'espace littéraire*, a.a.O., S. 230-244, hier S. 243.

14 Zweimal hat Blanchot den Titel »L'expérience de Proust« verwandt: Einmal für einen Aufsatz von 1943, der sich im selben Jahr in der Sammlung *Faux pas* (S. 53-58) wiederabgedruckt findet und dort direkt hinter einer Besprechung von Batailles *L'expérience intérieure* platziert ist (Prousts »*expérience*« nimmt einen wichtigen Platz in dem Buch Batailles ein); ein zweites Mal für den ersten Abschnitt von *Le livre à venir* (Paris 1959, S. 19-40), welcher auf die Besprechung einer Ausgabe des bis dahin unveröffentlichten *Jean Santeuil* von 1954 zurückgeht und damals »Proust« betitelt war.

15 Vgl. »L'expérience de Mallarmé«, in: *L'espace littéraire*, a.a.O., S. 30-42.

16 Vgl. »L'expérience de Simone Weil« von 1956, in *L'entretien infini* 1969 allerdings ohne diesen Titel als Teil von »L'affirmation (le désir, le malheur)« (S. 165-179) wieder abgedruckt.

17 Vgl. »L'expérience d'Igitur«, in: *L'espace littéraire*, a.a.O., S. 108-120.

18 Vgl. »L'expérience-limite«, was sowohl dem gesamten mittleren und umfangreichsten Teil von *L'entretien infini* (S. 119-420) als auch einen Abschnitt darin, mit drei Bataille und Sade gewidmeten Kapiteln (S. 300-342), ihre Titel verleiht.

19 »L'athéisme et l'écriture«, in: *L'entretien infini*, a.a.O., S. 367-393, hier S. 391.

20 »Comment découvrir l'obscur?«, in: *L'entretien infini*, a.a.O., S. 57-69, hier S. 67.

21 Vgl. insbesondere »Ein Kind wird getötet (Fragmentar)«, *supra*.

22 Vgl. Blanchot, »L'expérience-limite«, in *L'entretien infini*, a.a.O., S. 311; *L'écriture du désastre*, a.a.O., S. 85: »L'expérience [...] est déjà non-expérience«.

23 Vgl. Bataille, *Die Innere Erfahrung*, a.a.O., *passim*.

24 Vgl. Bataille, »L'impossible«, in: *Œuvres complètes*, Bd. 3; *Histoire de l'érotisme*, in: *Œuvres complètes*, Bd. 8, S. 151: »Die wahre Natur des erotisch Erregenden kann nur literarisch enthüllt werden, da, wo Charaktere und Szenen, die dem Unmöglichen entstammen, auf dem Spiel stehen.« Vgl. auch die *Methode der Meditation*, *passim*.

25 Maurice Blanchot, »Comment découvrir l'obscur?«, in: *L'entretien infini*, a.a.O., S. 61-64. Vgl., zur philosophiegeschichtlichen Entfaltung dieser Formel sowie vielen weiteren Aspekten die sehr klaren und ausführlichen Darlegungen bei Andreas Gelhard, *Das Denken des Unmöglichen. Sprache, Tod und Inspiration in den Schriften Maurice Blanchots*, München 2003.

26 Maurice Blanchot, »L'expérience originelle«, in: *L'espace littéraire*, a.a.O., S. 256.

27 Heideggers Formel zieht sich durch die meisten Texte, vgl. das Zitat in »L'expérience originelle« *(L'espace littéraire,* a.a.O., S. 252) und den dortigen Verweis auf Emmanuel Levinas, der »als erster erhellt hat, was in diesem Ausdruck auf dem Spiel steht.« (Anm. 1.)

28 Vgl. Maurice Blanchot, »La mort possible«, in: *L'espace littéraire,* a.a.O., S. 85-107.

29 Vgl., unter vielen Stellen, »l'impossibilité de la mort« (»La lecture de Kafka«, in: *Faux pas,* a.a.O., S. 9-19, hier S. 15) und »l'impossibilité de mourir« (»Regards d'outre-tombe«, in: *La part du feu,* a.a.O., S. 238-248, hier S. 246 und »La mort possible«, in: *L'espace littéraire,* a.a.O., S. 99). Vgl. auch die auf deutsch zitierte Aufforderung Rilkes »*das Wort* ›*Tod‹ ohne Negation zu lesen*« (»L'expérience originelle«, in: *L'espace littéraire,* a.a.O., S. 255).

30 Maurice Blanchot, »Comment découvrir l'obscur?«, in: *L'entretien infini,* a.a.O., S. 64.

31 Vgl. Blanchot, »Ein Kind wird getötet (Fragmentar)«, *supra.*

32 Vgl. Blanchot, »L'expérience originelle«, in: *L'espace littéraire,* a.a.O., S. 256: »Die Wiederholung des Anfangs als Macht, die dem Anfang vorhergeht, das ist es, der Irrtum unseres Todes.«

33 Maurice Blanchot, »La parole analytique« (1956), in: *L'entretien infini,* Paris 1969, S. 343-355, hier S. 346. Eine Übertragung ins Deutsche erscheint in dem Band *Das Neutrale. Texte und Fragmente zu Philosophie,* Zürich-Berlin 2009.

34 Vgl. ebd., ein Text der ursprünglich »Freud« hieß. Vgl. »L'expérience originelle«, in: *L'espace littéraire,* a.a.O., S. 256; und zum »zweideutigen Charakter der Psychoanalyse« in Bezug auf den Wert des Historischen, *Michel Foucault tel que je l'imagine,* Montpellier 1986, S. 57. Vgl. auch folgende, in der Bejahung der Psychoanalyse sehr weit gehende Fußnote: »[D]ie Endeckung des Unbewussten, verstanden als die Dimension desjenigen, was sich nicht entdecken lässt, ist, zusammen mit dem nicht sprechenden Schreiben *(écriture non parlante)* eine der wichtigsten Etappen auf dem Wege der Befreiung in Bezug auf das Theologische: unter der Bedingung allerdings, das Un-bewusste nicht für das un-Bewusste zu halten, und anzuerkennen, dass hier weder der Begriff der Anwesenheit noch der Begriff der Abwesenheit angebracht sind, weder

die Bejahung noch die Verneinung. Anders gesagt, wir haben noch kein Wort für das ›Unbewusste‹.« (»L'athéisme et l'écriture. L'humanisme et le cri«, in: *L'entretien infini*, a.a.O., S. 391, Anm. 1.). Dann der Verweis auf einen »gewissen Freud«, für den das Unbewusste den Tod nicht darstellen kann in *L'écriture du désastre*, a.a.O., S. 181; vgl. *Schrift des Desasters*, a.a.O., S. 145. Im gleichen Text der Wunsch nach einem »Psychoanalytiker, dem das Desaster ein Zeichen geben würde« (S. 20; vgl. S. 11).

35 Vgl. die Bemerkungen über die »Triebe des Todes» (»poussées de la mort«), die sich nicht auf den »Todestrieb« (»pulsion de mort«) bringen lassen vor allem im ersten Teil der *Ecriture du désastre*; vgl. *Schrift des Desasters*.

36 Blanchot, »L'expérience originelle«, in: *L'espace littéraire*, a.a.O., S. 256.

37 Vgl. Maurice Blanchot, *L'instant de ma mort*, Montpellier 1994; *Der Augenblick meines Todes*, übers. von Hinrich Weidemann, Berlin 2003.

38 Vgl. Jacques Derrida, *Demeure*, Paris 1998; *Bleibe*, übers. von Hans-Dieter Gondek, Wien 2003.

39 Blanchot, *L'instant de ma mort*, S. 20; *Der Augenblick meines Todes*, S. 43.

40 Derrida, *Demeure*, a.a.O., S. 90; vgl. *Bleibe*, a.a.O., S. 79.

41 Vgl. Maurice Blanchot, *La folie du jour* (1949/1973), Paris 2002.

42 Vgl. Derrida, *Demeure*, a.a.O.; *Bleibe*, a.a.O.

43 Blanchot, *La folie du jour*, a.a.O., S. 19.

44 Ebd., S. 17.

45 Ebd., S. 30, seine letzten Worte: »Un récit? Non, pas de récit, plus jamais.« / »Ein Bericht? Nein, keine Erzählung, nie mehr.«

46 Ebd., vgl. das Licht und den Tag (»le jour«) sowie das Offene und das Feuer in vielen Texten, vorzüglich in »La parole sacrée de Hölderlin«, in: *La part du feu*, Paris 1949, S. 115–132, insb. S. 124.

47 Maurice Blanchot, »Tenir parole«, in: *L'entretien infini*, a.a.O., S. 84–93, hier S. 86.

48 Ebd.: »cette rencontre (non pas fortuite mais originaire)«.

49 Ebd.

50 Blanchot, »La parole sacrée de Hölderlin«, in: *La part du feu*, a.a.O., S. 127.

51 Blanchot, *L'espace littéraire*, a.a.O., S. 7; und das Kapitel »Le regard d'Orphée«, S. 179–184.

52 Maurice Blanchot, *Thomas l'obscur*, nouvelle version, Paris 1950, S. 125; vgl. *Thomas der Dunkle*, übers. von Jürg Laederach, Basel / Wien 2007, S. 118.

53 Maurice Blanchot, »La solitude essentielle«, in: *L'espace littéraire*, a.a.O., S. 11–25, hier S. 23. Vgl. Ayelet Lilti, »L'image du mort-vivant chez Blanchot et Kafka«, in: *europe*, Nr. 940–941 (2007), S. 154–166.

54 Maurice Blanchot, *Le Très-Haut* (1948), Paris 1973, S. 49; vgl., umgekehrt, das Sehen ›mit geschlossenen Augen‹, sodann das Sehen »als Objekt« und der Blick »in Form eines Bildes« und darin der »Tod jeden Bildes« in *Thomas l'obscur*, S. 14; *Thomas der Dunkle*, S. 11.

55 Blanchot, *Thomas l'obscur*, S. 125; *Thomas der Dunkle*, S. 119. Zum *Didymos*, der ursprünglich in *Thomas* steckt, und damit zum Doppel, Zwilling usw., vgl. die beeindruckende Studie von Thomas Schestag, *Mantisrelikte*, Weil am Rhein / Basel / Wien 1998, S. 60f. und *passim*.

56 Maurice Blanchot, »René Char et la pensée du neutre«, in: *L'entretien infini*, a.a.O., S. 439–450, hier S. 443.

57 Blanchot, *L'écriture du désastre*, a.a.O., S. 92; vgl. *Die Schrift des Desasters*, S. 68.

58 Maurice Blanchot, »Nietzsche et l'écriture fragmentaire«, in: *L'entretien infini*, S. 235; vgl. »Nietzsche und die fragmentarische Schrift«, in: Werner Hamacher (Hrsg.), *Nietzsche aus Frankreich*, Berlin/Wien 2003, S. 71–98, hier S. 79.

59 Maurice Blanchot, *Le pas au-delà*, Paris 1973, S. 15.

60 Dieser hastige Abriss dessen, was keine »Thematik einer Urszene bei Blanchot« je bilden könnte, ist natürlich in Bezug auf alle in ihm angerissenen Elemente sehr rudimentär. Das betrifft sowohl den Bogen von der »Erfahrung« bis zum »Desaster«, als auch: die Elemente des Blicks, der Sichtbarkeit, der Vision; die nicht erwähnten, aber sehr wichtigen Motive des Himmels, der Sterne, der Leere, des Nichts; die Begriffe des Außen, des Neutralen, der Unterbrechung, der Wiederholung; die besonderen syntaktischen und rhetorischen Formen und Nichtformen der Selbstverneinung, des Paradoxon, der unartikulierten Reihung, Anagrammatik und Alliterierung, usw. Als Hinweise auf Arbeiten über die »scène primitive« mögen genügen: Kevin Hart, »Blanchot and the primal scene«, in: *The Dark Gaze. Blanchot and the Sacred*, Chicago 2004, S. 50–75; diskrete Hinweise bei: Christophe Bident, *Maurice Blanchot. Partenaire invisible*, Seyssel 1998, S. 17ff.; und eine subtile psychoanalytische Zuwendung bei: Pierre Fédida u.a., *Humain / Déshumain*, Paris 2007. Vgl. aber vor allem das schöne Buch von Christopher Fynsk, *Infant Figures. The Death of the Infans and Other Scenes of Origin*, Stanford 2000.

61 Blanchot, »Eine Urszene«, *supra*; im Folgenden durch die Sigel *U* angezeigt.

62 Blanchot, »[... absolute Leere des Himmels ... (Aus einem Brief an Roger Laporte)]«, *supra*; im Folgenden mit der Sigel *AL* angezeigt.

63 Blanchot, »Une scène primitive«, in: *Première Livraison*, Nr. 4 (Februar/März, 1976) S. 1. Die Meditation über das *il y a* als vom deutschen »es gibt« verschieden und als Einspruch gegen die ontologische Verzahnung trotz Differenz von Sein und Seiendem setzt mit Emmanuel Levinas *De l'existence à l'exitant* ein ([1947], dt. *Vom Sein zum Seienden*, übers. von Maria Krewani und Nikolaus Krewani, Freiburg-München 1987, S. 11 und *passim*). Vgl. »La littérature et le droit à la mort« (1947/48), in: *La part du feu*, S. 291–330, hier S. 320, Anm. 1.: »der anonyme und unpersönliche Strom des Seins [...] Sein als Fatalität«; zu weiteren Stellen und für eine erhellende Darlegung des *il y a*: Gelhard, *Das Denken des Unmöglichen*, a.a.O., S. 103–124 und *passim*.

64 Vgl. den Abschnitt »*Pensée (de) l'impossible: l'*autre *rapport*«, in: *L'entretien infini*, a.a.O., S. 61–64, sowie zur Meditation über die Transzendenz des Bezugs, *Le pas au-delà*. Die Verbindung von *il y a* und *rapport* kehrt wieder in

Lacans Diktum »il n'y pas de rapport sexuel«, besonders seit es von Jean-Luc Nancy in *L'»il y a« du rapport sexuel* (Paris 2001) kommentiert wurde. Das Denken des Bezugs der Bezugslosigkeit, des Verkehrten im geschlechtlichen Verkehr, der Differenz *in* der sexuellen Differenz macht den dichtesten Knoten aus post-ontologischem, post-phänomenologischem und psychoanalytischem Denken aus, welcher weiterzuknüpfen sein wird.

65 Vgl., nur als Markierung einer Verbindung, die in aller Ausführlichkeit und Uneinheitlichkeit analysiert werden müsste, folgende Stelle aus Kants *Kritik der reinen Vernunft*: »Es ist nur *eine* Erfahrung, in welcher alle Wahrnehmungen als im durchgängigen und gesetzmäßigen Zusammenhange vorgestellt werden [...] Wenn man von verschiedenen Erfahrungen spricht, so sind es nur so viele Wahrnehmungen, so fern solche zu einer und derselben Erfahrung gehören.« (A 110) Vgl. auch die Bedeutung des Erfahrungsbegriffs und der »Analogien der Erfahrung« für den Entwurf des *Opus postumum*, etwa: »Erfahrung ist absolute Einheit des Inbegriffs der Erscheinungen des Gegenstandes und man *macht* die Erfahrung; sie ist kein bloßer Sinneneinfluss.« (*Akademie-Ausgabe*, Bd. 22, S. 494.)

66 Vgl. die historischen Analysen und Bemerkungen von Jean-François Marquet, *Singularité et événement*, Grenoble 1995.

67 Vgl. beispielhaft, in Bezug auf die Einheit in der Mystik, Alois Haas, »›die durch wundersame Inseln geht...‹ Gott, der Ganz Andere in der christlichen Mystik«, in: Peter Schäfer (Hrsg.), *Wege mystischer Gotteserfahrung. Judentum, Christentum und Islam / Mystical Approaches to God. Judaism, Christianity, and Islam*, München 2006, S. 129–158, sowie Werner Beierwaltes, »Plotins philosophische Mystik und ihre Bedeutung für das Christentum«, ebd. S. 81–96 und, allgemeiner: Beierwaltes, »Henosis: I. Einigung mit dem Einen oder die Aufhebung des Bildes: Plotins Mystik / II. Henosis in der mystischen Theologie des Christentums«, in: *Denken des Einen. Studien zur neuplatonischen Philosophie und ihrer Wirkungsgeschichte*, Frankfurt/M. 1985, S. 123–154.

68 Vgl. Emile Boisacq, *Dictionnaire étymologique de la langue grecque*, 3. Auflage, Heidelberg / Paris 1938, S. 874f.

69 Genauer handelt es sich um die Forderung nach Verwandlung bloßer Sichtbarkeit *(opsis)* durch die gegliedert vereinheitlichenden Mittel des Handlungsumschlags *(perepeteia)* und der schock- oder zumindest momenthaften Aner-

kennung *(anagnorisis)* des Gehalts der Erzählung *(muthos)* zur intellektuellen Zusammenschau *(synopsis)*. Das rafft natürlich die Kapitel 5–19 der Aristotelischen *Poetik* ziemlich.

70 Vgl. Philippe Lacoue-Labarthe, *Die Nachahmung der Modernen*, übers. von Thomas Schestag, Basel / Weil am Rhein / Wien 2003; und »Typographies«, in: *Mimesis – des articulations*, Paris 1975, 165–270.

71 Vgl. Antonin Artaud, *Das Theater und sein Double*, übers. von Gerd Henninger, hrsg. mit einem Nachwort von Bernhard Mattheus, Berlin 2008.

72 Vgl. Jean-Jacques Rousseau, *Lettre à d'Alembert sur les spectacles*, Paris 1967, S. 168.

73 Vgl. hierzu die verschiedenen Texte Samuel Webers zu Benjamin, insbesondere: »Scene and Screen: Electronic Media and Theatricality«, in: *Theatricality as Medium*, New York 2004, S. 97–120. Vgl. Walter Benjamin, »Was ist episches Theater?«, in: *Gesammelte Schriften*, Bd. 2, 1, S. 519–531 (1. Version) / 532–539 (2. Version): »Worum es heute im Theater geht, lässt sich genauer mit Beziehung auf die Bühne als auf das Drama bestimmen.« (S. 519 / vgl. S. 539.)

74 Rousseau, *Lettre à d'Alembert*, a.a.O., S. 187.

75 Benjamin, »Was ist episches Theater?«, a.a.O., S. 531. Das Zitat, das die erste Version dieser Schrift beendet, lautet umfassender wie folgt: »Die Stauung im realen Lebensfluss, der Augenblick, da sein Ablauf zum Stehen kommt, macht sich als Rückflut fühlbar: das Staunen ist diese Rückflut […] Wenn aber der Strom der Dinge an diesem Fels des Staunens sich bricht, so ist kein Unterschied zwischen einem Menschenleben und einem Wort. Beide sind im epischen Theater nur der Kamm der Welle. Es lässt das Dasein aus dem Bett der Zeit hoch aufsprühen und schillernd einen Nu im Leeren stehen, um es neu zu betten.« Eine eigentümliche Verdichtung und Verschiebung Hölderlinscher, Brechtscher und Nietzscheanischer Elemente vor dem Hintergrund der Aristotelischen Affektpoetik – Beleg für Lacoue-Labarthes Intuition, dass das Schreiben vom Szenischen immer in deren palimpsestuösen Banne verbleibt? Doch ist der »Nu im Leeren« nicht nur als Augenblick, Moment der Einsicht, Umschlag oder Zäsur, erneut begriffen, sondern auch das Hölderlinsche »Summum« und dessen Periode, das solche Momente benennt, von Benjamin, so buchstäblich

genommen, dass seine Bild- und Begrifflichkeit auffällig durch Letternfluss und
-stauung bestimmt ist: »[...]uu[...]ss[...]mm[...]ll[...]tt[...]ll[...] Nu [...]ee
[...]tt[...]«. Mit dem fehlenden »Unterschied« zwischen einem »Menschenleben
und einem Wort« ist im Nu das »tötendfaktische Wort« Hölderlins als Schrift
markiert.

76 Sigmund Freud, *Traumdeutung, Gesammelte Schriften*, Bd. 2/3, S. 190.

77 Vgl. ›*Grimm*‹, Eintrag »Ur-«, Bd. 24, Sp. 2355ff.

78 Freud, *Traumdeutung*, S. 294.

79 Jeden einzelne der Elementarbegriffe der »Urszene« – Erfahrung, Szene, Nachträglichkeit, Wiederholung, Sprache – hat die Geschichte des Denkens an sich selbst zersetzen lassen: Die Erfahrung zuletzt als Aporie, die Szene als Riss der Darstellung selbst, Nachträglichkeit, Wiederholung als Desaster und Schrift jenseits der Sprache. Das wird an anderer Stelle ausführlicher zu zeigen sein.

80 Freud hat die Verbindung von Urszene und philosophischem Denken am Ende der *Wolfsmann*-Darstellung in Form zweier Analogien angerissen: Erstens diejenige zwischen den »philosophischen ›Kategorien‹« und den »phylogenetisch mit gebrachten Schemata«, für die der Ödipuskomplex »das bestbekannte Beispiel« sei; zweitens die Analogie zwischen dem »*instinktiven* Wissen der Tiere« und dem »schwerbestimmbaren Wissen«, das sich in den »Reaktionen des 1½ jährigen Kindes beim Erleben« der Urszene zeige. (IN 155f.) Das »Erleben der Szene« – oder die Erfahrung – hängt so, sehr klassisch, zwischen Kategorien und Wissen (den Begriffen) und wäre ein Schematismus; die Szene, als konstruierte, läge zwischen Schemata und Instinkt – oder dem Willen? So bliebe Freud bis in die Urszene seinen wichtigsten philosophischen »Einflüssen«, Kant und Nietzsche, treu.

81 Friedrich Hölderlin, »Anmerkungen zum Oedipus«, in: *Sämtliche Werke und Briefe*, hrsg. von Michael Knaupp, München 1992, Bd. 2, S. 309–316, hier S. 315; im Folgenden durch die Sigel *AÖ* im Text angezeigt.

82 Hölderlin, *Oedipus der Tyrann*, in: *Sämtliche Werke und Briefe*, a.a.O., Bd. 2, S. 249–308; *Sophoclis fabulae*. Recognoverunt brevique adnotatione critica instruxerunt H. Loyd-Jones et N. G. Wilson, Oxford 1990.

83 Vgl. Aristoteles, *Poetik*, Kap. 14.

84 Vgl. das 6. Kapitel der *Poetik*, das von der Abwesenheit der Charaktere spricht, was meist entschärfend kommentiert wird.

85 *Suidae lexicon*, hrsg. von Ada Adler, Leipzig 1928, Bd. 1, S. 358.

86 Vgl. Rémi Brague, »Ein rätselhaftes Zitat über Aristoteles in Hölderlins ›Anmerkungen über Ödipus‹«, in: Hans-Jürgen Gewoll / Christoph Jamme (Hrsg.), *Idealismus mit Folgen. Die Epochenschwelle um 1800 zwischen Kunst und Geisteswissenschaften. Festschrift zum 65. Geburtstag von Otto Pöggeler*, München 1994, S. 69–78, insbes. S. 72. Dort der Verweis auf *De la Nature* von J. B. Robinet, Amsterdam 1766, das auf dem Titel den korrupten Text anführt.

87 Vgl. die Anmerkung des Herausgebers Kaupp: Hölderlin, *Sämtliche Werke und Briefe*, a.a.O., Bd. 3, S. 438; Anm. zu Bd. 2, S. 315, Z. 14f.

88 Hölderlin, »Anmerkungen zur Antigonä«, in: *Sämtliche Werke und Briefe*, a.a.O., Bd. 2, S. 345–354, hier S. 351.

89 »[i]*n verwandtschaftsbezeichnungen kann ur- wiederholt werden*«, merkt das Grimmsche Wörterbuch an (Bd. 24, Sp. 2356).

90 Er wird durch Kreon, der die selbsttätigen »Mörder« (v. 107) im Plural anspricht, auf die falsche Fährte gesetzt.

91 Vgl. Jacques Derrida, *Résistances de la psychanalyse*, Paris 1996, S. 49: »lyse sans mesure et *sans retour*«. Vgl. die Aufnahme dessen in Jean-Luc Nancy, »Freud – pour ainsi dire«, in: *Po&sie*, Nr. 124 (2008), S. 114–119.

92 Vgl. Philippe Lacoue-Labarthe, »La scène est primitive«, in: *Le sujet de la philosophie. Typographies I*, Paris 1979, S. 187–216, hier S. 203: »intériorisation *primitive* de la scission représentative«.

93 Hölderlin, »Anmerkungen zur Antigonä«, *Sämtliche Werke und Briefe*, a.a.O., Bd. 2, S. 350.

94 Blanchot, *L'écriture du désastre*, a.a.O., S. 7, 70; *Schrift des Desasters*, a.a.O., S. 5, 61.

95 Ebd., S. 8; S. 5.

96 »Ein Kind wird getötet (Fragmentar)«, *supra*.

97 Ebd.: »Schreiben, das ist, den bereits geschehenen Tod nicht mehr ins Futur setzen, sondern akzeptieren, ihn zu erleiden, ohne ihn gegenwärtig und ohne sich ihm gegenwärtig zu machen [...].«

98 Blanchot, »Nietzsche et l'écriture fragmentaire«, in: *L'entretien infini*, a.a.O., S. 243; »Nietzsche und die fragmentarische Schrift«, a.a.O., S. 84.

99 Blanchot, *L'écriture du désastre*, a.a.O., S. 7; *Schrift des Desasters*, a.a.O., S. 5.

Philippe Lacoue-Labarthe

Nachwort

Zweimal bin ich also gestorben. Im Zeitraum von gerade wenigen Monaten: 25. Mai 2006, 29. Dezember desselben Jahres. Jedes Mal hat man mich unter Einsatz aufwendiger Mittel wieder zu Bewusstsein gebracht – so lautet die gebräuchliche Formulierung –, das heißt mich in die vollständige Welt zurückgeholt, in die Welt, die ist, weil sie, ohne jede Ausnahme, *erscheint*. Aber jedes Mal hatte ich eine flüchtige Anschauung davon, dass das, was sich als Welt darbot, war, vor dem, dass es *existierte* (*dass* es gegenwärtig war) – von einer Existenz, die der erfüllten Existenz des Ganzen vorausging.

So war die Rückseite des Verschwindens. Ein Verlöschen der Bedingung des Existierens – diese reine Unmöglichkeit. Alles in allem war mir, auf flüchtige Weise, das Unmögliche möglich gewesen (»... *ein Blitz, dann die Nacht*...«[1]); und an diesem Zeichen erkannte ich plötzlich die Bedingung der poetischen Existenz. Welche nicht darin besteht, den Schein zu durchqueren (es gibt genau keinen Schein), sondern darin, es zu wagen, sich am Ursprungsort [-punkt] des Erscheinens, das alles ist, zu halten. Metaphysische Drahtseilkunst ohne metaphysische Absicherung. Oder, wenn man das vorzieht: *entleerte* metaphysische Erfahrung, reines Ausgesetztwerden ins Nichts [in seiner absoluten Zurückgezogenheit selbst]

—

[Philippe Lacoue-Labarthe, »Postface«, in: *Lignes*, Nr. 22 (Mai 2007; »Philippe Lacoue-Labarthe«), S. 253. Der Veröffentlichung ist folgende, von Claire Nancy verfasste Notiz vorangestellt: »Dieser letzte Text wurde in der Zeit um den 15. Januar 2007 herum verfasst, einige Tage nachdem Philippe aus dem zweiten Koma, das er erfuhr, erwacht war. Diese Seiten, unter dem Titel »Nachwort« entworfen, sind posthum. Sie waren für die Wiederaufnahme einer Jugendschrift mit dem Titel *Das Verschwinden* (1968–1969) zur Veröffentlichung bestimmt. Für dieses Vorhaben hatte Philippe die Titelseite vorbereitet: ›Vorwort zum Verschwinden‹, sowie eine Widmung für Gérard Genette und ein zweifaches, Maurice Blanchot entliehenes Motto, aus *Der Augenblick meines Todes* und *Die Schrift des Desasters*. Und dieses Nachwort, in das kleine Notizheft geschrieben, das er im Krankenhaus bei sich trug. Auf meine Frage: ›Erlaubst du mir, dass ich diesen Text bei deiner Beerdigung lese‹, hatte Philippe geantwortet: ›Warte, ich muss ihn mir noch einmal vornehmen‹. C. N.« Die Übersetzung und der Abdruck erfolgen mit freundlicher Genehmigung von Claire Nancy.]

1 [Zitat aus Baudelaires Sonett »A une passante [Für eine Passantin]«; das erste Terzett lautet: »Un éclair… puis la nuit ! Fugitive beauté / Dont le regard m'a fait soudainement renaître, / Ne te verrai-je plus que dans l'éternité ?« In der Übersetzung von Walter Benjamin lautet die Stelle: »Ein Blitz, dann Nacht ! Die Flüchtige, nicht leiht / sie sich dem Werdenden an ihrem Schimmer. / Seh ich dich nur noch in der Ewigkeit?« (Walter Benjamin: »Einer Dame« in: *Charles Baudelaire, Tableaux parisiens, Gesammelte Schriften*, Bd. 4, 1, hrsg. von Tillman Rexroth, Frankfurt/M. 1972, S. 7–63, hier S. 40f.).]

Philippe Lacoue-Labarthe
Metaphrasis / Das Theater Hölderlins

96 Seiten, Franz. Broschur, Fadenheftung
ISBN 978-3-935300-05-6
Euro 14,90 / CHF 27,90

»Die beiden hier versammelten Texte haben nur den einen Ehrgeiz: auf der Basis einer in Gang befindlichen Arbeit und von einem praktischen Anliegen her eine Neubewertung jenes Theaters anzubieten.
Viel ist da zu tun. Aber ein Schritt vorwärts ist vielleicht gemacht, wenn man anfängt, die Differenz zu ermessen – keiner anderen vergleichbar, scheint mir – die Hölderlin sozusagen anachronistisch zu setzen vermochte, in Bezug auf die spekulative Bemächtigung der griechischen Tragödie, das heißt faktisch des Ursprungs unseres Theaters.
Wenn man weiß, welche etwa ästhetischen, politischen, philosophischen Auswirkungen die von mir als spekulativ bezeichnete Interpretation der Tragödie produzieren konnte, wie sie sich von Hegel und Schelling bis zu Heidegger und Nietzsche und Wagner hinweg durchsetzte, so nimmt man den Einsatz wahr, stelle ich mir vor und hoffe es, um den es geht: eine Modernität, die noch und immer neu zu erbringen ist.«

Philippe Lacoue-Labarthe
Poetik der Geschichte

144 Seiten, Franz. Broschur, Fadenheftung
ISBN 978-3-935300-25-4
Euro 19,90 / CHF 35,90

In beispiellosen Auseinandersetzungen mit Heidegger und Rousseau, Hölderlin und Hegel, Benjamin und Bataille vertieft Philippe Lacoue-Labarthe seine Reinterpretation von Mimesis und Katharsis im Lichte der attischen Tragödie.

Die Figur der Reinigung, so Lacoue-Labarthe, vermag nicht, vor den Schrecken oder den Wahnsinn zurückzuführen (ein vor allem bei Winckelmann vorherrschender Gedanke), sie vermag vielmehr im Sinne einer »Negation der Negativität« gedacht, eine Konfrontation ohne Schrecken zu ermöglichen.

Das Theater der Griechen erweist sich so – gemäß einer Formulierung Heideggers – als nicht theatralisch, die Verschränkung von Historizität und tragischem Effekt als eine allzu lange unter der Regie der Aufhebung stehende »Szene des Ursprungs«.

Michael Turnheim
Das Scheitern der Oberfläche
Autismus, Psychose, Biopolitik

208 Seiten, Broschur
ISBN 978-3-935300-71-1
Euro 26,90 / CHF 47,00

Obwohl wir die Worte, die unseren Geist bevölkern, nicht selbst erfinden, haben wir den Eindruck, daß sie unsere eigenen sind. Wir sind wie ein geduldiges Blatt Papier, das mit Buchstaben vollgeschrieben wird und sich nicht darüber beklagt, was ihm angetan wird. Im besten Fall findet alles an der Oberfläche statt...

Was man als Wahnsinn bezeichnet, beruht auf dem Scheitern der Oberfläche. Die Art, wie Autisten mit Papier umgehen, zeigt, daß diese These buchstäblich zu nehmen ist: Ein autistisches Kind durchlöchert das Papier, auf das es geschrieben hat, ein anderes schreibt auf einem schon mit Zeichen erfüllten Blatt weiter, als ob Papier unendlich aufnahmefähig wäre.

Die theoretische Erhellung derartiger Phänomene erlaubt es, zu einer allgemeinen Struktur vorzudringen. In der maschinenhaften Rede der Autisten und ihrer Bevorzugung des Schreibens tritt das normalerweise vergessene Technische von Sprache insgesamt hervor. Es wird sichtbar, daß Verrücktheit nichts Monströses an sich hat, sondern auf einer eigenwilligen Verteilung von Körper und Sprache beruht.

Jacques Rancière
Das ästhetische Unbewußte

Aus dem Französischen von Ronald Voullié
64 Seiten, Franz. Broschur
ISBN 978-3-935300-89-6
Euro 12,90 / CHF 24,00

»Wenn die psychoanalytische Theorie des Unbewußten formulierbar ist, dann deshalb, weil es außerhalb des im eigentlichen Sinne klinischen Bereichs eine bestimmte Identifikation mit einem unbewußten Modus des Denkens gibt und weil der Bereich der Kunstwerke und der Literatur als bevorzugter Wirkungsbereich dieses ›Unbewußten‹ definiert wird.

Meine Fragestellung bezieht sich auf die Verankerung der Freudschen Theorie in dieser bereits existierenden Konfiguration des ›unbewußten Denkens‹, in dieser Idee des Verhältnisses von Denken und Nichtdenken, das sich vorwiegend im Bereich dessen, was man Ästhetik nennt, herausgebildet und entwickelt hat. Es geht darum, die ›ästhetischen‹ Studien Freuds als Hinweise auf eine Einschreibung des analytischen Denkens der Interpretation in den Horizont des ästhetischen Denkens zu verstehen.«

Jean-Luc Nancy / René Schérer
Ouvertüren. Texte zu Gilles Deleuze

Ausgewählt und übersetzt von Christoph Dittrich
92 Seiten, Französisch Broschur
ISBN 978-3-03734-033-2
Euro 14,90 / CHF 27,90

Die Bedeutung, die Gilles Deleuze dem Motiv der Öffnung zugesprochen hat, bemißt sich an dem in Milles Plateaux formulierten Vorhaben, »aus der Erde einen Schweizer Käse zu machen«. Dabei galten ihm Öffnungen als Teil jeder Kreation, die er dadurch gekennzeichnet sah, dem Leben neue Möglichkeiten zu eröffnen. Auch sind sie Bedingung wie Resultat jeder Lektüre, die nicht einfache Kopie einer Doxa ist, insofern, als das Werden im Spiel von De- und Reterritorialisierungen eine doppelte und fortlaufende (Er)Öffnung mit sich bringt: Ouvertüre.
Jean-Luc Nancy und René Schérer widmen sich dem Motiv der Ouvertüre in Form der Auflösung des Identischen, eines Gedankens, der von ihrer und auch Deleuzes philosophischer Zeitgenossenschaft im desaströsen 20. Jahrhundert herrührt. Während Schérer die Öffnung und Auflösung der Person als Leitmotiv Deleuzes analysiert, richtet sich Nancys Augenmerk auf die Differenz, die unauflösbare Differenz zwischen ihm selbst, Jacques Derrida und Gilles Deleuze, vor allem aber auf die Differenz im Selben und das Selbe der Differenz.

Kathrin Thiele
The Thought of Becoming
Gilles Deleuze's Poetics of Life

200 Seiten, Broschur
ISBN 978-3-03734-036-3
Euro 20,00 / CHF 35,90

A concern for this world lies at the heart of discussing the relation between philosophy and ethics. Kathrin Thiele elaborates in this book that in such endeavor one has to argue against two common misperceptions. Instead of understanding philosophy and ethics as abstraction from the world, she shows in what sense both are constructive of it; and instead of following the opinion that the poststructuralist philosopher Gilles Deleuze cannot contribute anything to the debate at stake, she shows that his whole work is speaking but one formula: ›ontology = ethics‹.

While this formula might estrange at first, the author, by approaching it through the conceptual figure of becoming, not only manages to carefully develop the Deleuzian thought-universe via its coordinates Spinoza, Bergson, and Nietzsche, but shows in her argument as well that the substitution of becoming for Being is no insignificant matter but rather the preparation for a new thought of ontology as an ontology of becoming and – as such – for a new thought of ethics as a poetics of life.

›Indirection‹ is the movement of becoming into this world, brought forth here as the most compelling dimension of Deleuze's thought. Such a position dares to conceive of thought as practice without collapsing the gap that always persists between thinking and acting.

Alain Badiou
Das Sein und das Ereignis

Aus dem Französischen von Gernot Kamecke
560 Seiten, Franz. Broschur
ISBN 978-3-935300-40-7
Euro 49,00 / CHF 85,00

»Für unsere Zeit eine Philosophie zu artikulieren, die, das Denken des Seins betreffend, einen anderen Weg als den von Heidegger beschrittenen einschlägt (nämlich den des Mathems statt den des Gedichts), eine Philosophie, die zudem die Lehre vom Subjekt betreffend über Lacan hinausreicht: darum geht es.
Vom Sein wird hier die radikale These vertreten, dass seit seinen griechischen Ursprüngen es die Mathematik und nur die Mathematik ist, die seinen Denkprozess entfaltet, und dass der Referent der Mathematik heute die Mengenlehre Georg Cantors ist. Daraus folgt eine Ontologie des reinen Mannigfaltigen.
Dennoch bleibt ein Ort, dessen, ›was nicht Sein ist‹: der des Ereignisses. Das Ereignis ist ein überzähliger Term der Überschreitung, über die das Wissen nicht entscheiden kann; ein Begriff, dessen Wahrheit im Voraus niemals erkennbar ist. Das Subjekt ist dann keineswegs mehr Garant oder Stütze der Wahrheit, sondern vielmehr eine lokale, unwahrscheinliche Instanz, die ihr Weniges an Sein aus dem aleatorischen Werden einer Wahrheit im Ereignis bezieht. Dennoch verwebt sie dieses Wenige zu einer Treue, die sich in die Kunst, die Wissenschaft und die Liebe einschreibt.«

Quentin Meillassoux
Nach der Endlichkeit. Versuch über die Notwendigkeit der Kontingenz

Aus dem Französischen von Roland Frommel
224 Seiten, Broschur
ISBN 978-3-03734-024-0
Euro 20,00 / CHF 35,90

An der Wurzel des modernen Denkens liegt die Frage nach der Beschränkung der universalistischen Ansprüche der menschlichen Vernunft. Seit Kant wacht ein universelles, »transzendental« genanntes Subjekt über die Notwendigkeit der Naturgesetze und weist die Kontingenz der empirischen Erfahrung zu.

Quentin Meillassoux entwickelt in diesem, seinem ersten Buch ein anderes Verständnis der Kritik, das grundlegend verschieden ist von der Lesart, mit der die Moderne sich ausgehend von Kant zufriedengibt. Er weist nach, daß nur eines absolut notwendig ist, nämlich die Kontingenz der Naturgesetze selbst.

Diese ganz neuartige Verknüpfung der einander entgegengesetzten Modalitäten – Notwendigkeit und Kontingenz – versetzt das Denken in einen Bezug zur Welt, an dem sowohl die klassische Metaphysik als auch die »kritische« Trennung von Empirischem und Transzendentalem zerbrechen.

»Es ist nicht übertrieben zu behaupten, daß Quentin Meillassoux in der Philosophiegeschichte einen neuen Weg eröffnet, welcher der kanonischen Aufteilung Kants in ›Dogmatismus‹, ›Skeptizismus‹ und ›Kritik‹ nicht folgt. Ja, es gibt absolute logische Notwendigkeit. Ja, es gibt radikale Kontingenz. Ja, wir können das, was ist, denken, und dieses Denken ist keineswegs von einem vorausgesetzten konstituierenden Subjekt abhängig.«
(Alain Badiou)

Maurice Blanchot
Politische Schriften 1958-1993

Aus dem Französischen übersetzt und kommentiert von Marcus Coelen
192 Seiten, Franz. Broschur, Fadenheftung
ISBN 978-3-03734-005-9
Euro 19,90 / CHF 35,90

Maurice Blanchot (1907-2003) – oft mit dem Klischee des Einsamen assoziiert – begleitete den Großteil seines literarischen und philosophischen Schaffens mit einem radikalen politischen Engagement, das von der Notwendigkeit eines gemeinsamen Denkens bewegt war. Gerade die Idee der Gemeinschaft – nicht reduzierbares Sein mit dem Anderen im Denken, Schreiben, Handeln – setzte er jeder Form fusionistischer, nationaler oder gar nationalistischer Politik entgegen.

Seit 1958 wird dieses Denken im Öffentlichen manifest: zunächst in der Weigerung vor dem Unakzeptablen der Machtübernahme De Gaulles; dann in der bedingungslosen Erklärung zur Unterstützung der Befehlsverweigerer und Fahnenflüchtigen des Algerienkriegs; über die intensive Arbeit am Internationalismus einer europäischen politisch-literarischen Zeitschrift von unerhörtem Format und im kollektiven und anonymen Schreiben in den Tagen des Mai '68; zu Stellungnahmen im medialen Diskurs zum »Fall Heidegger« und zur Erinnerungspolitik der Vernichtung der europäischen Juden; bis schließlich in der bis zuletzt aufrecht erhaltenen Weigerung, die Idee des Kommunismus den politischen Ereignissen zu opfern.

Der Band dokumentiert die politischen Texte Blanchots aus den Jahren 1958 bis 1993 und will die Untrennbarkeit seines philosophischen und literarischen Denkens vom Politischen deutlich machen.